Eva-Maria Admiral
Szenenwechsel

ÜBER DIE AUTORIN

Eva-Maria Admiral, geboren in Österreich, studierte Literatur an der Sorbonne in Paris. Schauspielausbildung am Max-Reinhardt-Seminar in Wien, zehn Jahre im Ensemble am Wiener Burgtheater, Zusammenarbeit u.a. mit Regisseuren wie Manfred Karge, Jürgen Flimm und Claus Peymann; Engagements bei den Wiener Festwochen und den Salzburger Festspielen unter der Regie von Jürgen Flimm; Hauptrollen u.a. in Ein Sommernachtstraum, Der Verschwender und Ein Florentinerhut. Wiederholt Zusammenarbeit mit Regisseur Claus Peymann und als Partnerin von Nicholas Ofczarek. Daneben Mitwirkung in deutschen Fernsehproduktionen.

Auszeichnungen: Preis als beste Nachwuchsschauspielerin, Wien (1988), Stipendium der Akademie Schloss Solitude, Stuttgart (1998), Theaterpreis Ruhrtriennale.

Seit 1996 steht sie als freie Schauspielerin mit Soloprogrammen auf der Bühne, auch zusammen mit ihrem Mann, dem Schweizer Schauspieler Eric Wehrlin. Beide sind u.a. Schauspieltrainer in Australien und arbeiten als Dozenten für Sprechtechnik und Rhetorik. Von 1997 bis 2009 trat sie täglich als Schauspielerin bei ProChrist im Hauptprogramm auf; ferner bei Veranstaltungen von Willow Creek Chicago. Nebenberufliches Theologiestudium, Weiterbildung in den USA (actors studio). Sie ist Autorin mehrerer Bücher, produzierte DVDs und CDs. In Österreich, Deutschland und der Schweiz steht sie mit erfolgreichen Soloprogrammen auf der Bühne, wie dem Bestseller von Eric-Emmanuel Schmitt Oskar und die Dame in Rosa, dem Stück vom Glück und Sachen zum Lach-Denken.

Gern steht sie als Vortragende für Kongresse und Tagungen zur Verfügung.

EVA-MARIA ADMIRAL

Szenenwechsel

*Jetzt schreibst du
dein Leben neu*

SCM
Stiftung Christliche Medien

SCM Hänssler ist ein Imprint der SCM Verlagsgruppe, die zur Stiftung Christliche Medien gehört, einer gemeinnützigen Stiftung, die sich für die Förderung und Verbreitung christlicher Bücher, Zeitschriften, Filme und Musik einsetzt.

© 2017 SCM Hänssler in der SCM Verlagsgruppe GmbH
Max-Eyth-Straße 41 · 71088 Holzgerlingen
Internet: www.scm-haenssler.de; E-Mail: info@scm-haenssler.de

Die Bibelverse sind folgenden Ausgaben entnommen:
Neues Leben. Die Bibel, © der deutschen Ausgabe 2002 und 2006
SCM R.Brockhaus in der SCM Verlagsgruppe GmbH
Witten/Holzgerlingen. (NLB)
Lutherbibel revidiert 2017 © 2016 Deutsche Bibelgesellschaft,
Stuttgart. (LUT)
Elberfelder Bibel 2006, © 2006 by SCM R.Brockhaus in der
SCM Verlagsgruppe GmbH Witten/Holzgerlingen. (ELB)
Einheitsübersetzung der Heiligen Schrift,
© 1980 Katholische Bibelanstalt, Stuttgart. (EÜ)
Gute Nachricht Bibel, revidierte Fassung,
durchgesehene Ausgabe in neuer Rechtschreibung,
© 2000 Deutsche Bibelgesellschaft, Stuttgart. (GNB)

Gesamtgestaltung und Illustrationen:
Tami Doikas, www.tamidoikas.de
Druck und Verarbeitung: dimograf
Gedruckt in Polen
ISBN 978-3-7751-5811-4
Bestell-Nr. 395.811

*Ich schreibe dieses Buch für Glaubende
und Nichtglaubende. Für Zweifelnde und für jene,
die sich erst mal von der Religion erholen müssen.
Für all jene, die sich danach sehnen zu werden,
wer sie wirklich sind.*

STIMMEN ZUM BUCH

💬 „Viele Menschen empfinden, dass ihr Leben nach einem Drehbuch verläuft, das andere geschrieben haben – Eltern und Erzieher, ein anonymes Schicksal, Gott. Sie fühlen sich ausgeliefert an einen fremden, dunklen und unfreundlichen Text und spielen eine Rolle, die sie sich nicht selbst ausgesucht haben. Die bekannte Schauspielerin Eva-Maria Admiral zeigt in diesem bemerkenswerten Buch einen Ausweg, den sie selbst beschritten hat, schonungslos ehrlich, fachlich kompetent und lebenspraktisch: Misch dich ein! Schreib mit! Inszeniere mit! Versöhn dich mit deiner Lebensgeschichte und nimm der Vergangenheit ihre bannende Macht! Leb trotzig und vertrauensvoll nach vorn! Sie ist diesen Weg selbst gegangen. Darum ist sie eine überzeugende Reiseleiterin.
Das Drehbuch des Lebens von anderen geschrieben? Zu einer Rolle gezwungen, die man sich nicht selbst ausgesucht hat? Eva-Maria Admiral beschreibt schonungslos ehrlich, wie sie gelernt hat, sich einzumischen."

Jürgen Werth, Autor und Liedermacher

💬 „‚Wer sich fragt, hat die Wahl, wer sich nicht fragt, folgt der Gewohnheit.' Hier geht es um nichts weniger als das Drehbuch Ihres Lebens! Die Schauspielerin Eva-Maria Admiral hat eine neue Rolle: Geburtshelferin. Eine schwierige Vergangenheit? Seelische Wunden? Sie weiß aus eigener Erfahrung, dass das keine Hindernisse für ein geglücktes Leben sein müssen. Denn der Gott der Bibel macht das Tote lebendig und findet das Verlorene, schreibt ständig Lebensgeschichten neu. Mit vielen Beispielen und einfühlsamen Fragen hilft Eva-Maria Admiral Ihrem eigenen ‚Lebensdrehbuch' auf die Welt: Finden Sie Ihren roten Faden!"

Christel Eggers, Redakteurin AUFATMEN, Mitglied der Lebensgemeinschaft WegGemeinschaft e.V.

„Um das eigene Lebensdrehbuch umzuschreiben, muss man sich zunächst mal trauen, es überhaupt zu lesen – inklusive der Kapitel, die uns zu schmerzhaft erscheinen, sie jemals wieder aufzuschlagen. Wer es dann wagt, gelangt in eine Tiefe des Unverstehbaren – je nach Biografie auch Unaushaltbaren –, in der überraschend oft heilende, unbegreifliche Liebe wartet. Eva-Maria Admiral hatte nicht nur den Mut, ihr Lebensdrehbuch zu lesen, hinabzusteigen in ihr eigenes Trauma – sie ist sogar einen Schritt weiter gegangen und lässt uns in schonungsloser und bewundernswerter Offenheit weiterhin teilhaben an einer Reise, die uns doch im Grunde alle verbindet. Durch den Schmerz zu neuer Hoffnung, durch tiefes Leid zur wohl größtmöglichen Courage: sich selbst annehmen und endlich lieben zu dürfen."

Jens Böttcher, Autor und Musiker

Inhalt

Einladung
Schreiben Sie Ihr Lebensdrehbuch neu! — 10

Prolog
Wie lebe ich ein glückliches Leben? — 13

Experiment 1
Das Drehbuch in meinem Herzen umschreiben — 19

Experiment 2
Schritte ins neue Drehbuch — 24

Experiment 3
Die alte Geschichte loslassen — 31

Experiment 4
Aussöhnung mit dem Leben, so wie es ist — 37

Experiment 5
Aussöhnung mit der Vergangenheit — 42

Experiment 6
Meine Geschichte als mein Kapital — 50

Experiment 7
Im Jetzt leben – ein Geheimnis! — 58

Experiment 8
Mit Angst und Sorgen kreativ umgehen — 65

Experiment 9
Handeln statt Grübeln! — 73

Experiment 10
Ärger, sei willkommen – was willst du mir sagen? — 81

Experiment 11
Was würde ich tun, wenn ich es nicht
perfekt machen müsste? 88

Experiment 12
Wenn alles schiefgeht … 96

Experiment 13
Die Schwäche in Stärke verwandeln 105

Experiment 14
Um den eigenen Wert wissen 110

Experiment 15
Werden, wer ich wirklich bin 119

Experiment 16
Vom Loslassen der unerfüllten Restetappe 127

Experiment 17
Das beste Mittel gegen die
unerklärliche Unzufriedenheit 133

Experiment 18
Auf die ureigene Stimme hören 141

Epilog
Vom letzten Schritt: der Königsweg 148

Danke 152

Mehr von der Autorin 153

EINLADUNG

Schreiben Sie Ihr Lebensdrehbuch neu!

Unsere Sehnsucht ist groß, unser Leben mehr gestalten zu können. Doch es gibt vieles, was uns daran hindert. Und das schon seit Jahren, vielleicht schon unser halbes Leben lang. Ein neues Drehbuch für ein geglücktes Leben zu entdecken ... und das dann wirklich zu leben ... mehr Leben ins Leben zu bringen – wie wäre das?

Viele Menschen empfinden, dass ihr Leben nach einem Drehbuch verläuft, das andere geschrieben haben – Eltern und Erzieher, ein anonymes Schicksal, Gott. Sie fühlen sich ausgeliefert an einen fremden, dunklen und unfreundlichen Text und spielen eine Rolle, die sie sich nicht selbst ausgesucht haben. Wiederholen Sie immer und immer wieder bestimmte Fehler und selbstzerstörerischen Muster? Scheint das Drehbuch des Lebens von anderen geschrieben? Fühlen Sie sich zu einer Rolle gezwungen, die Sie sich nicht selbst ausgesucht haben? Gehen Sie mit mir auf Entdeckungsreise. Bergen Sie die Schätze in Ihrer eigenen Seele! Werden Sie leidenschaftlicher Co-Regisseur und begeisterte Drehbuchautorin Ihres eigenen Lebens! Finden Sie durch gezielte Fragetechniken heraus, wie Sie Ihr Leben neu gestalten. Nehmen Sie Ihre Kernkompetenzen genauer unter die Lupe und entfalten Sie so Ihre Persönlichkeit.

Wie tasten Sie sich an Ihr neues Lebensdrehbuch heran? Durch gezielte Visionsfragen. Ich bin nämlich überzeugt: Wer sich fragt, hat die Wahl, wer sich nicht fragt, folgt der

Gewohnheit. Fragen wir uns einfach durch zum Schönsten. Wo leuchten bei Ihnen Warnsignale auf? Was sind die konkreten Konsequenzen für Ihr Handeln?

Und dann handeln Sie. Setzen Sie die neue Idee wirklich um, fragen Sie weiter, spüren Sie weiter, handeln Sie wieder, orientieren Sie sich neu.

Ich lade Sie ein, mit mir gemeinsam den Weg in diesem Buch zu wagen. Spannende Wege zum geglückten Leben zu beschreiben. Die Erlebnisse, Experimente, Übungen und Rituale werden Ihnen helfen, immer wieder auf den Weg zurückzukehren. Ein Leben voller Leben. Gönnen Sie sich ein paar Minuten täglich. Die Fülle von Anregungen fordert zum Auswählen auf. Je nach persönlicher Situation lohnt es sich auch, über längere Zeit ein bestimmtes Thema zu vertiefen.

Wer sich fragt, hat die Wahl, wer sich nicht fragt, folgt der Gewohnheit.

Zögern Sie jedoch nicht, sich professionelle Hilfe in Form von Seelsorge, Beratung oder Psychotherapie zu suchen, wenn Sie den Eindruck haben, selbst nicht weiterzukommen oder starke Traumata erlebt haben. Wir müssen nicht mit allem alleine klarkommen – Gott stellt uns gerne auch menschliche Unterstützer zur Seite.

Einfache Experimente zeigen die Spur auf, wie Sie bei sich selber anfangen können, um gestärkt zu werden und lebensfördernde Wege zu finden. Ich möchte Sie dazu ermutigen, diese Experimente auszuprobieren, aber auch nach Ihrem Gutdünken abzuändern, um sie in Ihrem Alltag wirklich anwenden zu können.

Wenn Sie tatsächlich neue Wege beschreiten möchten, greifen Sie während des Lesens zu Stift und Papier. Schreiben Sie Ihre Antworten auf, anstatt sie nur zu denken. Denn erst durch das Niederschreiben der Antworten werden rechte und linke Gehirnhälfte miteinander verbunden. Somit werden neue Gehirnareale aktiviert. Das sagen die

Forscher Pam Müller von der Princeton University und Daniel Oppenheimer von der UCLA in ihrer Studie in der Fachzeitschrift „Psychological Science". Ihre Experimente führten die Wissenschaftler zu dem Schluss, dass das reine Denken von Antworten kaum Veränderung bewirkt. Warum? Weil es oft dazu führt, dass Informationen nur oberflächlich aufgenommen werden. Ich möchte Sie daher einladen, Ihre Antworten tatsächlich in ein schönes Notizheft zu schreiben oder direkt ins Buch.

In vielen Kapiteln werden wir uns außerdem bewusst machen, dass es zwar auf uns ankommt, aber doch nicht von uns alleine abhängt. Denn in Gott leben wir, bewegen wir uns und sind wir.

PROLOG

Wie lebe ich ein glückliches Leben?

Welche neue Geschichte schreibt Gott schon längst in Ihrem Leben? Zu welcher Zukunft lädt Gott Sie ein?

Nach dem Erscheinen meiner Biografie „Mein Überlebenslauf" erhielt ich überwältigend viele Reaktionen. Viele mit drängenden Fragen: Kann ich trotz meiner Kindheit, trotz meiner Gene, trotz meiner Vergangenheit ein geglücktes Leben führen? Oder ist es zu spät dafür? Wie kann ich in meinem Leben eine neue Geschichte schreiben? Und was bedeutet das? Wenn ich nicht das Produkt meiner Vergangenheit bin, wenn ich heute kein Opfer meiner Kindheit, meiner Eltern, meiner Umstände bin, wie lebe ich dann das neue Leben? Nicht nur im Kopf, sondern real: Wie kann ich ein fröhliches Leben führen?
Sind Sie – so wie ich – oft in Ihren alten Geschichten stecken geblieben? Haben Sie sich – wie ich – immer wieder in alte Muster verstrickt, dieselben Fehler wiederholt, immer wieder und wieder?
Mein Gebet ist, dass dieses Buch uns befreit von den unfairen Erwartungen, die wir an uns selbst (und an andere) haben. Von den fortwährenden Selbstanklagen. Wir lernen neue Wege, mit uns selbst und mit dem Leben umzugehen. Wir finden neue Möglichkeiten, heil zu werden, und neue Reaktionen, wenn das Leben wieder mal hart wird.

Ja, theoretisch wissen wir: Ich bin nicht meine Vergangenheit. Ich bin nicht meine Geschichte. Theoretisch, im Kopf ist uns das klar. Ich habe eine Geschichte. Ich habe eine Vergangenheit. Aber ich bin nicht meine Geschichte!
Das Ziel dieses Buches ist, dass Sie Ihr Lebensdrehbuch neu schreiben. Aber wie geht das? Was bedeutet es genau? Welche neue Geschichte schreibt Gott schon längst in Ihrem Leben? Zu welcher Zukunft lädt Gott Sie ein? Wie können Sie die Geschichte, die Gott in Ihrem Leben schreibt, immer lauter und lauter werden lassen? Wie kann seine Geschichte mit Ihnen, mit mir immer realer, wirklicher, offensichtlicher werden als all die alten Geschichten, die uns im Laufe unseres Lebens über uns selbst erzählt wurden?

Wie können Sie die Geschichte, die Gott in Ihrem Leben schreibt, immer lauter und lauter werden lassen?

Während des Schreibens meiner Biografie habe ich erkannt, dass es Geschichten in meinem Leben gibt, die mir jemand vor langer Zeit über mich erzählt oder in mich hineingebrannt hat. Geschichten, die ich lange als Last, als Erbe vor mir hergetragen habe. Geschichten, die für mein Leben weder hilfreich noch aufbauend waren. Den Schuldkelch der Erwartungen der Eltern, das Erbe, wer ich bin und was ich zu sein habe, was gut und was schlecht sei ... Mein Vater war ein Produkt von Herkunft und Tradition. In dieser Tradition war nur der Sohn von Bedeutung – als Stammhalter. Diese seit Generationen geprägte Hierarchie setzte sich auch in meiner Familie fort. Mädchen würden schließlich nicht die Firma weiterführen – wozu also ein Mädchen? Mein Vater war ein Mensch, der andere sehr auf Distanz hielt. Er ließ nur wenige Menschen an sich heran. Sein Leben war die Firma. Die Firma war er.
Ich gehörte ursprünglich zur Spezies „Leistungstöchter". Das sind Töchter, die keine Anerkennung von ihren Eltern erhalten haben und schon als Kind beginnen, durch Leis-

tung um Liebe zu kämpfen. Es gibt ebenso viele Leistungssöhne. Mein ganzes Leben war geprägt von herausragenden Leistungen. Beste Schülerin, beste Turnerin, Schauspielerin des Jahres, Begabtenstipendien, beste ..., beste ..., beste ... Leistung als einziges Lebensprinzip kostet seinen Preis. Irgendwann habe ich erkannt: Das ist ein altes Lebensdrehbuch, das ich da mit mir herumschleppe. Wir alle haben so ein Lebensdrehbuch mitbekommen.

Meine Mutter achtete sehr auf Stil und Eleganz. Sie trug immer die neueste Mode. Ihre Frisur saß perfekt. Es war unmöglich, sie einfach einmal zu umarmen. „Ach, Eva-Maria, bittschön, meine Frisur!", wehrte sie dann ab und klopfte ihre Haare fest. Ich lernte sehr früh, dass es für den Wert einer Frau, eines Mädchens enorm wichtig war, schlank zu sein, besser noch dünn – und hübsch. Es verging kein Tag, an dem nicht dreimal täglich auf die Waage gestiegen wurde. Eine Frau, die eine Kleidergröße über 36 trägt, muss schon sehr undiszipliniert sein, war ein unausgesprochenes Dogma in unserer Familie. Meine Mutter trug stets Größe 34 und hielt eisern ihre 43 Kilo, auch während ihrer Schwangerschaft ...

Solche Lebensdrehbücher bekommen wir alle von unseren Eltern mit! Wir alle kennen das: Etwas Kleines passiert, und schon sind wir wieder das 10-jährige Mädchen oder der 6-jährige Junge. Warum ist es so schwer, alte Denkmuster zu ändern?

Unsere jahrzehntelangen Erfahrungen haben unser inneres Lebensskript immer genährt, bestärkt: „Ja du bist nicht liebenswert. Du bist ungeliebt. Niemand schert sich einen Dreck um dich." Meine Eltern brauchten nur einen Sohn, um die große Firma zu übernehmen. Ich bin im Internat aufgewachsen. Es gab wenig und nur sehr förmlichen Kontakt mit meinen Eltern.

Im Internat hatten wir einen „Naschkasten". Wenn Eltern Süßigkeiten schickten, wurden diese sofort konfisziert und dort

eingesperrt. Die Nonne öffnete einmal pro Woche am Mittwoch für zehn Minuten den Schrank. Dann durften wir etwas herausnehmen. Für mich war nie etwas darin – meine Eltern hatten nichts geschickt.
„Ja, du bist allein! Niemand wird dich vermissen, wenn du nicht mehr da bist. Sonst würden deine Eltern dir doch einmal schreiben. Sonst würden sie doch einmal anrufen, ein Naschpaket schicken." Selbstmord erschien oft als lohnender Exit.
Mein altes Lebensskript ist ein Drehbuch des Abgelehntseins, jahrzehntelang erfahren, bestätigt und erlebt. Wie sieht Ihres aus?
Im alten, aber destruktiven Lebensdrehbuch fühlen wir uns zu Hause. Wir sind es von Geburt an gewohnt, es fühlt sich so altvertraut an. Und es hat bis heute Auswirkungen. Ein Beispiel:
Ich halte mit meinem Mann ein Blockseminar „Erfolgsfaktor Stimme" an der Uni in Graz. Es gibt nur einen Schlüssel für den Unterrichtsraum. Mein Mann unterrichtet die letzte Stunde vor der Mittagspause, ich die Stunde um 14 Uhr, nach der Mittagspause. Wir machen ab, dass er im Unterrichtsraum bleibt, bis ich den Schlüssel übernommen habe. Ich komme um 13 Uhr dorthin. Die Türe ist verschlossen. Ich laufe in die anliegenden Räume, gehe zu den diversen Kaffeeautomaten in der Hoffnung, Eric zu finden. Schließlich ringe ich mich dazu durch, durch die ganze Uni „Eric!" zu rufen. Nichts. Binnen kurzer Zeit bin ich außer mir und den Tränen nahe. Das Gefühl der Scham, des Vergessenwerdens, des Ungeliebtseins, des Unnützseins – all das überwältigt mich innerhalb von Sekunden.
Ich laufe zum Park in der Nähe. Dort sitzt Eric gemütlich auf der Bank und isst sein Pausenbrot. Er hat unsere Abmachung schlicht und einfach vergessen und den Schlüssel mitgenommen. Doch plötzlich geht es nicht mehr nur um einen Schlüssel. Es geht um mein Leben. Mein Vertrauen meinem Mann

gegenüber ist zutiefst erschüttert. Ich brülle schluchzend: „Wo warst du?" Alle Studenten hören uns. Trotzdem brülle ich weiter: „Vergessen – was heißt vergessen???!!! Du kannst mich doch nicht einfach vergessen!" Diesen Satz wiederhole ich immer wieder und wieder, wie ein Mantra, und je öfter ich ihn sage, desto schlimmer wird es.

Eric versteht die ganze Emotion nicht und ist verärgert. Es gibt keinen Ausweg, das Gefühl hat mich wieder gepackt. Ich will nur noch weg. Will keine Minute mehr neben ihm sein. Ich will das nicht noch einmal erleben.

In unserem Leben passieren Situationen, die uns zu unserer vergangenen Geschichte zurückbringen. Plötzlich sind wir wieder fünf Jahre alt und werden im Stich gelassen. Warum verstricken wir uns in unsere alten Muster der Angst, der Scham, der Sorge, des Ungeliebtseins? Ja, wir möchten gerne Gottes neuer Geschichte vertrauen ... Aber wir können nicht. Auf einmal werden die alten Botschaften, die uns vor langer Zeit übermittelt wurden, sehr laut in uns, sehr real.

Ich glaube: Uns Christen fehlt es nicht an mehr Information – wir gehen unter in „Bibelwissen". Wir kennen unzählige Verse dazu: „Wer in Christus ist, ist eine neue Kreatur", „Und ich werde euch ein neues Herz verleihen und einen neuen Geist in euer Inneres legen ..." usw. usf. Die Frage an uns ist:

In welcher Geschichte leben wir heute?
Was würde passieren, wenn wir die alte Geschichte loslassen?
Welche neue Geschichte könnte wirklich lebendig werden?
Welche alte Story müssen wir aufgeben?

In welcher Geschichte leben wir heute?
Was würde passieren, wenn wir die alte Geschichte loslassen?
Welche neue Geschichte könnte wirklich lebendig werden?
Welche alte Story müssen wir aufgeben?

Wenn wir alte Geschichten, alte Botschaften in unserem Inneren festhalten, dann stehen wir den neuen, guten Geschichten im Wege, zu denen Gott uns einlädt. Geschichten, die er längst schon begonnen hat, mit uns zu schreiben. Nur wenn wir sie loslassen, kann Gott in diesem leer gewordenen Vakuum etwas ganz Neues erschaffen. Eine neue Identität, ein neues Leben.

Dieses Buch lädt Sie zu diesem Abenteuer ein.

EXPERIMENT 1

Das Drehbuch in meinem Herzen umschreiben

*Was ich über mich selbst,
über die Welt
und über Gott denke,
lenkt die Entscheidungen, die ich im Leben treffe.*

Welche neue Geschichte schreibt Gott schon längst in Ihrem Leben? Zu welcher Zukunft lädt er Sie ein?
Wir wurden von einem Gott erschaffen, der immerzu Veränderung bewirkt. Eine Kernwahrheit des Christseins überhaupt lautet: Gott schreibt unser Lebensdrehbuch ständig neu. Immer wieder stoßen wir in der Bibel auf Berichte, wo das Tote lebendig, das Verlorene gefunden wird. Abram wird zu Abraham, Sarai zu Sara, Simon zu Petrus.
Meine Lebensgeschichte wurde bereits verändert und neu geschrieben. Doch nicht immer ist das direkt spür- und sichtbar. Denn es gilt: Was ich über mich selbst, über die Welt und über Gott glaube, lenkt die Entscheidungen, die ich im Leben treffe. Formt die Linse, die Brille, durch die ich mein gesamtes Sein betrachte. Die Geschichte, die ich mir selbst erzähle, bestimmt mein Leben.
Von den ca. 80 000 Gedanken, die uns täglich durch den Kopf gehen, sind nur etwa zehn Prozent neu. Eigentlich eine gute Nachricht, wenn wir hauptsächlich aufbauende Gedanken denken. Was aber, wenn nicht? Wie ein Mensch

denkt, so nimmt er wahr. Trachten wir daher nicht danach, die Welt zu verändern, sondern ändern wir den Geist, in dem wir sehen. Überlegen wir ganz konkret, in welcher Hinsicht wir zerstörerische Gedanken durch wahre und aufbauende ersetzen können. Je konsequenter wir das betreiben, umso verlässlicher wird aus dem Alten das Neue.

Was würde passieren, wenn wir glauben würden, dass unsere Vergangenheit tatsächlich vergangen ist?

Die Botschaften, die Geschichten, die uns jemand vor langer, langer Zeit aufgebürdet hat und die wir behalten haben, formen unser gesamtes Leben! Wir alle haben solche alten Botschaften, die sich seit Kindheit in unser Herz gebrannt haben. Ein Beispiel:

Ich spiele am Bodensee bei einem Festival gemeinsam mit Eric Wehrlin, meinem Mann, der ebenfalls Schauspieler ist. Ebenso leite ich dort ein Seminar. Im Programmheft steht lediglich Eric Wehrlin, mein Name wurde „vergessen". Obwohl ich die wesentlich höhere akademische Qualifikation, längere Berufserfahrung etc. habe, wird nur der Name meines Mannes erwähnt. Schon bin ich wieder in meiner alten Lebensgeschichte gelandet. Eltern, die nur einen Sohn wollten und nie eine Tochter. Männer, die an der Macht sind und Frauen gern „unter den Tisch fallen lassen", die Frauen als weitaus weniger wertvoll betrachten. Als ich das Programmheft lese, werde ich zuerst wütend und dann sehr traurig ...

Was würde passieren, wenn wir glauben würden, dass unsere Vergangenheit tatsächlich vergangen ist? Wenn wir vergeben würden, wenn wir manche unserer Annahmen über uns selbst über Bord werfen würden? Was wäre, wenn wir uns selbst erlauben würden zu glauben, dass wir zum Beispiel ... wertvoll sind? Sinnvoll? Oder was wäre, wenn wir mit der riskanten Idee flirten würden, dass wir genügen, genau so, wie wir sind? Mit unseren Schwächen, Narben, Wunden und alldem? Was würde passieren, wenn wir tatsächlich glauben würden, dass wir es verdienen, geliebt zu werden? Weil wir liebenswert sind?

Tatsache ist: Es gibt ja schon längst eine fortlaufende Geschichte in uns, die Gott in uns begonnen hat. Wir müssen nur auf sie hören. Ihr Glauben schenken. Unser Leben durch ihre Brille sehen.

Welches Wort würde unser gesamtes Leben verändern, wenn wir es in Bezug auf uns selbst, Gott und die Welt glauben würden?

Vielleicht wagen wir nicht einmal, es auszusprechen, und glauben können wir es schon gar nicht. Denn wenn wir es glauben würden, würden wir unsere Welt völlig anders erfahren. Die Bewertung unserer Erlebnisse müsste dabei einen kompletten Paradigmenwechsel durchlaufen. Wenn wir dieses eine Wort glauben würden, würde es unsere Erfahrung und Bewertung von uns selbst, der Welt und Gott verändern. Lange Jahre war für mich „würdevoll" ein solches revolutionäres Wort, „würdevoll leben". Was würde passieren, wenn ich mir gestatten würde, würdevoll zu leben? Es war für mich immer sehr schwer, Geld für mich selber auszugeben, mir selbst etwas zu „gönnen". Das ist übrigens etwas, was ich mit Jodie Foster gemeinsam habe, die als Leistungsmaschine erzogen wurde, drei Oscars erhalten hat, fünf Sprachen mehr als perfekt beherrscht – doch auch ihr fällt es sehr schwer, Geld für sich selbst auszugeben. Wozu auch? Sie meinte einmal, dass sie keinen Sinn darin sehen würde, in ein Café zu gehen – sie könnte schließlich auch im Auto essen, das wäre zeitsparender.

Und ich persönlich gehe bis heute nicht gern für mich selbst einkaufen. Wozu neue Kleider, neue Schuhe? Die alten tun es doch auch noch. Aber mittlerweile trage ich wenigstens angemessene Kleidung und muss auch nicht mehr aus der Dose essen, weil das schneller geht. Ich kann ohne schlechtes Gewissen Zeit in ein gepflegtes Äußeres investieren. Für mich ein großer Fortschritt!

Stellen Sie sich nun Ihr Herz vor, in seinem ursprünglichen Zustand. Malen Sie es einfach einmal. Kindlich, verletzlich, durchlässig, zart, so wie Sie geboren wurden:

Jetzt schreiben Sie auf dieses Herz die Brandmale, die Ihnen schon früh zugefügt wurden.

So sieht mein Herz aus:

Malen Sie nun nochmals Ihr Herz:

Welches Wort könnte eine neue Geschichte in Ihrem Leben starten? Zum Beispiel: „frei", „genug", „bedingungslos", „schön".
Welches Wort, eingebrannt in Ihr Herz, würde Ihre Lebensgeschichte verändern?
Dieses Wort kann sich im Laufe unseres Lebens immer wieder ändern – je nachdem, welche alte Geschichte sich in unser Leben gerade wieder hineindrängt. Was wäre dieses eine Wort für Sie? Dieses eine Wort, das Sie jeden Tag vor sich sehen müssten?
Bei mir war es viele Jahre „würdevoll leben". Und bei Ihnen? „Vergeben"? „Geliebt"? „Frei"?
Schreiben Sie es in großen Buchstaben über Ihr Herz. Es soll fortan Ihre Geschichte bestimmen.

EXPERIMENT 2

Schritte ins neue Drehbuch

*Ich muss mir auch von meiner Angst
nicht alles gefallen lassen.*

Die meisten von uns glauben an das Konzept der Gnade, der Liebe Gottes etc. Aber das allein hilft uns nicht weiter. Wir haben der neuen Geschichte, die Gott mit uns begonnen hat, nicht erlaubt, unsere Identität zu verwandeln. Darin würde das eigentliche „Werk eines Christen" bestehen. Das wäre der eigentliche „Wandel im Glauben". Wenn ich eben nicht mehr „aus der Dose" esse. Unsere Aufgabe (unser „Werk") besteht darin, diese vollkommen neuen Ideen Teil unserer Geschichte werden zu lassen.

Aber sehr oft genügt es nicht, einfach zu glauben! Wir müssen auch tatsächlich einen Schritt in die neue Richtung gehen. „Glaubensschritte" machen, um die neue Geschichte wirklich wahr werden zu lassen.

Mein Mann, Eric Wehrlin, dachte immer, er sei ein schwacher Schüler. Er hat es nicht geschafft, die Schule erfolgreich zu beenden. Lesen war bei Legasthenie und Dyslexie praktisch unmöglich. Ihm wurde deshalb geraten, einen Beruf zu ergreifen, bei dem er nicht reden musste. Also wurde er ein stummer, aber erfolgloser Automechaniker. Später ein sehr guter, aber brotloser Pantomime.

Das war die alte Geschichte. Die neue Geschichte ab seinem 20. Lebensjahr sieht ganz anders aus. In der staatlichen Schauspielakademie in Wien lernen wir uns kennen und lieben. Sein Selbstvertrauen, sein Selbstwertgefühl beginnt langsam aufzublühen. Durch die Ausbildung zum Schauspieler erfährt er am eigenen Leib, dass er nicht nur eine Sprache, sondern auch etwas zu sagen hat. Plötzlich will er lernen, studieren, forschen, seine Zeit hinter Büchern verbringen. Später studiert er als außerordentlicher Student Griechisch. Seither weiß er, dass es eine Lüge ist, dass er dumm sei, dass er nicht studienreif sei etc.

Erst durch die Handlung erfahre ich die neue Wahrheit: „Du bist nicht ..." Erst durch die Handlung! Nicht durch das Wissen im Kopf! Die neue Lebensgeschichte tatsächlich zu leben, geht nur, wenn ich aktiv werde. Handele. Und zwar auf eine Art und Weise, die nicht meinem alten Lebensdrehbuch entspricht.

Die neue Lebensgeschichte tatsächlich zu leben, geht nur, wenn ich aktiv werde. Handele.

Im Falle meines Mannes bedeutete dies, an der Uni Griechisch zu studieren, um das Neue Testament übersetzen zu können – ohne einen Schulabschluss geschafft zu haben. In meinem Falle bedeutete dies unter anderem, Schauspielerin zu werden, obwohl ich doch mein Leben lang „den Mund halten sollte", klein, hässlich, dick war, ausgestattet mit einer „unangenehmen Stimme". Später lernte ich, dass Stimme und Sprache nie angeboren sind, sondern immer nur angelernt. Und das betrifft nicht nur unsere Stimme und Sprache ...

Lassen Sie uns zuerst einmal spielerisch
an die Sache herangehen.
Über welche angelernte Mauer würden Sie gern
(mit Ihrem Gott) springen? Was würden Sie tun,
wenn es von heute auf morgen ginge? Was wäre
der erste kleinstmögliche Schritt in diese Richtung?
Was/Wer hindert Sie daran?

*„Mit dir erstürme ich einen Wall, mit meinem
Gott springe ich über eine Mauer"*
(2. Samuel 22,30; ELB).

Zumeist sind es wir selbst oder unsere Ängste, Sorgen, Bedenken. Lange Zeit dachte ich: Muss ich nicht zuerst ein positiver Mensch sein, um diesen Schritt gehen zu können? Muss ich nicht zuerst an mich selbst glauben, um ein gelingendes Leben zu führen? Muss ich nicht zuerst „positiv denken" lernen? Was ist, wenn ich mich immer noch nicht selbst liebe? Muss ich mich nicht zuerst selbst lieben können, bevor ich andere lieben kann?

Aber stimmt die Theorie, dass ich all das erst können muss, bevor mein Leben gelingt, überhaupt? Nein! Das meiste, das in meinem Leben gelungen ist, ist trotz meiner Zweifel, Schwächen, Fehler und meines Minderwertigkeitsgefühls gelungen.

Wir alle haben schon erlebt, dass unser Leben Gott sei Dank nicht von einer positiven Einstellung abhängt: Vielleicht haben Sie auch schon mal drei Jahre lang einen Job gemacht, eine Ausbildung vollendet, ein Kind erzogen, ohne an sich selbst zu glauben? Ja? Und haben Sie sich dabei immer nur bestens gefühlt und keine Fehler gemacht? Nein? Haben Sie es nicht vielleicht einfach durchgezogen, egal wie Ihre Einstellung war? War die Einstellung vielleicht gar nicht so wichtig? Auch wenn wir nicht ständig positiv denken und keineswegs perfekt sind, können uns Dinge gelingen. Um wie viel mehr, wenn Gott auf unserer Seite ist und das ausfüllen kann, was wir nicht können. Er kann auch ohne Heldentum Heldentaten mit uns vollbringen, das zeigt ein kurzer Blick in die Bibel. In der Regel versuchen wir im Alltag Dinge zu vermeiden, die Angst in uns hervorrufen. Oder die Angst zu verdrängen, zum Beispiel mit TV, Bier, Käse, Schokolade … Niemand muss uns dabei helfen und sagen: „Na, hast du die Schokolade nun endlich in dich hineingestopft?" Nein, die Natur des Menschen möchte nicht das Gefährliche, sondern das Wohlbekannte, Sichere wiederholen. Die Amygdala (der Mandelkern, das Alarmzentrum im Gehirn) flüstert: „Iss, werde dick. Beruhige dich mit Essen, mit Alkohol, mit Zigaretten, mit TV, Computer … Wenn dann die Hungersnot kommt, wirst du überleben. Alle anderen werden sterben." Dieser Überlebenstrieb kommt ganz von alleine. Niemand muss uns dabei helfen. „Mach nichts Gefährliches. Mach nur das, was du schon kennst" – und wenn es Fernsehen und Sich-zu-Hause-Verkriechen ist.
Und was löst Angst in uns aus? Ein neuer Schritt in eine neue Richtung! Wie kann ich diese Angst reduzieren? Indem ich einfach „an mich glaube"? Daran glaube, dass ich es kann? Ist das so? Stimmt das? Nein. Ich habe diese Kraft nicht. Ich kann nicht immer an mich selbst glauben und das Beste von mir und anderen denken. Ich habe wenig Urvertrauen.
Ich bin nicht Gott. Aber ich muss auch nicht Gott werden. Nein, ich gebe einfach das Beste, das ich geben kann. Und

wenn es nur der kleinstmögliche Schritt ist. Die Stimmungen, die Launen, das „positive Denken" halten nie so konstant an wie ein jahrelanges Projekt.

Wenn ich beschließe, ein neues Kabarettstück zu schreiben, treibt mich anfangs die Begeisterung über das Thema an. „Das muss man doch auf die Bühne bringen!" Aber im Laufe des Schreibens kommen dann die Selbstzweifel, der innere Kritiker, die äußeren Kritiker, die Befürchtungen, ob sich überhaupt jemand für dieses Thema interessieren wird. Während des ganzen Jahres, an dem ich an dem Glückskabarett gearbeitet habe, gab ich nur deshalb nicht auf, weil ich schon so viel Zeit und Kraft investiert hatte. Nicht alles in den Papierkorb schmeißen wollte. Das Weiterarbeiten, Probieren, Schreiben, Verbessern war ein reiner Akt des „Glaubens". Aber nicht des Glaubens allein an mich und mein Talent – nein! Mich trug der Glaube, dass Gott auf meiner Seite ist und immer noch etwas Großartiges daraus werden kann, womit ich nicht gerechnet habe. Ich hielt mich daran fest, dass die Idee, der Impuls, so etwas zu schreiben, ein Funke von Gottes Kreativität war. Ich erahnte, was dieses Kabarett im Zuseher bewirken, was Gutes daraus erwachsen könnte. Auch wenn ich den Weg dahin noch nicht sah.

Ich bin nicht Gott. Aber ich muss auch nicht Gott werden.

Das bedeutet für mich, „in den Werken zu wandeln, die er zuvor bereitet hat" (siehe Epheser 2,10). Er schenkt die Idee, den Funken, den Anfang, und ich gehe durch diese neue, offene Tür hindurch. Ja, ich gebe mein Bestes, das schon. Aber mein Bestes ist nicht immer genug und auch nicht immer Spitzenklasse.

Wenn ein Chirurg in der Früh aufwacht, kann er nicht sagen: „Ich glaube heute nicht an mich. Ich kann heute die Herzoperation nicht durchführen." Nein. Er fährt ins Krankenhaus und operiert, egal wie er sich fühlt oder ob er in dem Moment an sich glaubt.

Wenn ich am Theater engagiert bin und meine zwanzig Vorstellungen zu spielen habe, kann ich das tun, auch wenn ich nicht an mich selbst glaube, mich großartig fühle, positiv denke, mich gern im Spiegel sehe ...
Wenn ich das tue, was ich tun sollte – gemäß meiner ureigensten Berufung –, dann merke ich in diesem Moment nicht einmal, dass ich überhaupt im Fokus bin. Es geht ja nicht um mich. Es geht um eine Sache, die größer ist als ich, die über mich selbst hinausgeht. Sinn wird dann möglich, wenn ich etwas finde, das über mich selbst hinausgeht. Wenn ich auf die Bühne gehe, liegt der Fokus nicht auf mir, sondern auf meiner jeweiligen Aufgabe. Ich bin nicht mein eigener Sinn. Für mich gibt es kaum etwas Langweiligeres als Egoismus. In dem Moment, wo ich handle, wo ich den kleinstmöglichen Schritt in die richtige Richtung gehe, liegt mein Fokus auf diesem Schritt, auf dem Tun. Aber nicht auf mir. In diesem Moment muss ich mich nicht „selbst lieben" oder „selbst hassen" oder überhaupt danach fragen. Nein, in diesem Moment weiß ich gar nicht, dass ich „da bin". Meine Konzentration liegt auf meiner Aufgabe, die ich für wertvoll erachte, nicht auf mir.

Sinn wird dann möglich, wenn ich etwas finde, das über mich selbst hinausgeht.

Wenn Sie von etwas begeistert sind, in etwas involviert sind, dann sind Sie in diesem Moment im Tun. Sie sind dann nicht damit beschäftigt, sich zu fragen: „Liebe ich mich selbst? Bin ich jetzt liebenswert?" Nein, Sie tun einfach das, was Sie tun „müssen". Selbst wenn es nur darum geht, das Nächstliegende zu tun – den Geschirrspüler auszuräumen.
Wie können wir also die Angst vor dem Neuen reduzieren, damit nicht gleich wieder das Alarmzentrum losbrüllt: „Hilfe, da passiert etwas Neues, etwas Unerprobtes"? Die Angst reduziert sich, indem wir zuerst einmal den kleinstmöglichen Schritt gehen, und nicht den größtmöglichen.
Als Leistungsmensch bin ich dazu erzogen worden, im-

mer in Riesenschritten zu denken. Immer höher, schneller, besser, sich immer überfordern. Gleich nach der Schauspielakademie ein Engagement am Burgtheater anzunehmen und jeden Abend zweitausend gut zahlende Zuseher zu „unterhalten", war für mich eine Überforderung. Mancher Schauspieler meistert sie nur, indem er vor jeder Vorstellung auf der Toilette vor Angst erbricht.

Der Weg der klassischen Desensibilisierung ist ein anderer. Hier tasten wir uns langsam an die neue Aufgabe, an den neuen Weg heran. Schritt für Schritt. Immer wieder fällt mir in diesem Zusammenhang der Satz von Viktor Frankl ein: „Ich muss mir auch von mir selbst nicht alles gefallen lassen. Ich kann auch immer noch ein ganz anderer werden." Das heißt also, ich muss mir auch von meiner Angst, von meinem Alarmsystem nicht alles gefallen lassen. Ich kann auch immer noch ein ganz anderer, eine ganz andere werden. Wer es lieber mit frommen Worten hört, nehme 2. Korinther 5,17: „Wenn jemand in Christus ist, so ist er eine neue Schöpfung; das Alte ist vergangen, siehe, Neues ist geworden" (ELB).

Was ist das Neue, in das Sie gerne einsteigen würden?

Und welches ist der erste, der kleinstmögliche Schritt?

EXPERIMENT 3

Die alte Geschichte loslassen

Gottes Geschichten sind immer Geschichten der Erlösung, der Hoffnung, der Stärke, des Sinns, des Abenteuers.

Wenn unser Leben nicht diese neue Geschichte erzählt, obwohl wir doch all diese biblischen „Konzepte" glauben – woran liegt das?
Wir glauben beispielsweise an das Konzept der bedingungslosen Liebe Gottes – aber was tun wir, wenn wir versagen? Wenn wir scheitern? Wenn wir Fehler machen? Ja, wenn alles schiefgeht? Wie ist unser Bild von Gott dann? Haben wir dann seine Liebe noch verdient? Moment mal, wir dachten doch gerade, wir müssten uns die Liebe Gottes nicht verdienen … Aber das „Konzept" der bedingungslosen Liebe greift nicht. Vielleicht hängen wir an etwas fest, das uns jemand vor langer, langer Zeit an den Kopf geschmissen, uns „vorausgesagt" hat.
In meiner Internatszeit wurde mir vermittelt, dass ich ein böser Mensch sei und in die Hölle komme. Ich hatte durch den Zaun mit jemandem geplaudert – noch dazu mit einem Jungen in meinem Alter. Aber Kontakt nach außen war nicht erwünscht und schon gar nicht mit dem „anderen Geschlecht".

Die Aufgabe (das „Werk") eines jeden Christen, eines jeden Erwachsenen besteht darin, all diese alten Geschichten zu durchleuchten. Ins Licht zu halten und Gott zu fragen: „Ist das wirklich deine Geschichte? Ist das deine Geschichte für mich? Oder hat mir jemand anderer diese Geschichte aufgedrückt?"

Wir sind aufgefordert, ständig unsere Geschichte neu zu schreiben! Gott hat sie schon längst umgeschrieben. Die ganze Bibel ist voll von diesem Konzept – aber wir leben es nicht! Das geht nur, wenn wir aktiv handeln. Da hineinzukommen, ist das erklärte Ziel dieses Buches. Geben wir uns doch nicht damit zufrieden, alte Botschaften aus unserer Vergangenheit unsere Zukunft bestimmen zu lassen. Ich finde mich nicht damit ab, dass eine Erfahrung als 10-Jährige bestimmt, wie ich mich mit 40, 50, 60 fühle.

Als meine sehr sportliche, hübsche und schlanke Großmutter mit 80 Jahren an Lungenkrebs starb, meinte sie auf ihrem Sterbebett: „Jetzt bin ich endlich so schlank, wie ich immer sein wollte." Ihr Leben lang hatte sie daran geglaubt, sie müsse Größe 34 tragen können ... Und ihr Leben lang hatte sie dieses Ziel, das ihr ihre Mutter vorgegeben hatte, nicht erreicht.

Leben wir immer noch in einer alten Geschichte? Glauben wir theoretisch an Gottes Versprechen, aber leben trotzdem in einer ganz anderen Realität?

Meine Eltern haben mich als Kind verlassen und später verstoßen. Glaube ich immer noch, dass ich nicht liebenswert bin? Glaube ich immer noch, dass es besser wäre, ich wäre nie geboren? Glaube ich immer noch, dass ich ohne Spitzenleistung keine Existenzberechtigung habe?

Geben Sie sich nicht damit zufrieden, dass Lügen Ihr weiteres Leben bestimmen. Gott hat Ihre Geschichte bereits verändert.

Welche Geschichte müssen Sie hinter sich lassen? Benennen Sie eine alte Geschichte: eine Geschichte, die Sie herausreißen müssen, um einer anderen Platz zu machen. Was ist Ihre uralte Hauptgeschichte?

_____

_____

Was würde geschehen, wenn Sie die schädlichste Geschichte fallen lassen würden, die Sie sich schon lange Zeit selbst erzählen?

_____

_____

Was ist der schlimmste Schlüsselsatz dieser Geschichte?
Zum Beispiel: „Du verdienst kein Leben. Du wirst immer allein sein. Du bist es nicht wert, geliebt zu werden."

_____

_____

Welches Gefühl würde sich in Ihnen ausbreiten, wenn Sie diese alten Glaubenssätze fallen lassen würden?

_____

_____

In welche neue Geschichte lädt Gott Sie schon längst ein? Möchten Sie in dieser neuen Geschichte leben? Wieso schaffen Sie es nicht? Vielleicht, weil Sie die alte Geschichte nicht loslassen? Weil Sie sich in der alten Geschichte zu Hause fühlen, weil Sie immerhin schon von Geburt an in ihr leben?

———————————————————————

———————————————————————

Was bedeutet es, erwachsen zu werden, Christ zu sein? Erwachsen zu werden, bedeutet, die alten Geschichten loszulassen. Sie immer wieder ins Licht zu halten und zu fragen: „Ist das von Gott?"
Nehmen wir eine alte Geschichte, die viele von uns glauben: „Liebe muss ich mir verdienen. Auch Gottes Liebe muss verdient werden." Sieht so eine liebevolle Beziehung aus? Nein! Das ist ein Arbeitsvertrag.
Dem Arbeitsvertrag steht das Prinzip der bedingungslosen Liebe entgegen.

Was würde Schreckliches passieren, wenn ich mich in dieses Wunder der bedingungslosen Liebe hineinfallen lassen würde? Wenn ich glauben würde, dass mir in der bedingungslosen Liebe alles umsonst geschenkt wird?

———————————————————————

———————————————————————

Empfinde ich die alte Geschichte als sicherer?
Möchte ich Gott erlauben diese Geschichte umzuschreiben?

_____

_____

Gott sagt uns, was wir sind:
- ein Kunstwerk (so kann man „Gebilde" bzw. „Werk" in Epheser 2,10 auch übersetzen),
- „zur Fülle gebracht" (Kolosser 2,10),
- frei (Galater 5,1),
- geliebt (Johannes 3,16).

Wir wissen, dass Gott verspricht:
- Ich werde euch einen neuen Geist geben (Hesekiel 11,19).
- Ich werde ein neues Lied in euren Mund legen (Psalm 40,4).

Ja, ja das wissen wir alles. Wir haben es tausendmal gehört. Aber die Krux ist: Nur wenn wir unsere Aufgabe des „Geschichteumschreibens" ernst nehmen, wird es real. Es ist unsere Verantwortung, welche Geschichte wir weiterschreiben und uns erzählen. Doch dazu müssen wir gewillt sein, die alten Geschichten anzusehen, die wir uns ständig erzählen. Sie sind vorbei – aber es ist unsere Aufgabe, uns auf die neue einzulassen. Niemand kann uns diese Aufgabe abnehmen! Und das macht uns Angst.

Wie wäre es für Sie, in einer neuen Zukunft, einer neuen Geschichte zu leben, die Gott schon längst begonnen hat und in die er uns immer wieder einlädt? Damit das geschehen kann, müssen wir die alte Geschichte aus unserem Lebensbuch herausreißen. Jeder von uns kennt das Bild, in dem Jesus vor der Türe unseres Herzen steht und anklopft (Offenbarung 3,20). Es bedeutet auch, dass Jesus uns täglich, immer wieder und wieder, einlädt, in die neue Lebensgeschichte einzusteigen. Spring und das Netz wird sich auftun!

EXPERIMENT 4

Aussöhnung mit dem Leben, so wie es ist

Jeder steht früher oder später vor der Aufgabe der Aussöhnung – mit sich selbst, mit anderen, mit seiner Vergänglichkeit und seiner Geschichte.

Leid und Tod betreffen uns alle, früher oder später, unweigerlich. Jeder steht somit irgendwann vor der Aufgabe der Aussöhnung – mit sich selbst, mit anderen, mit seiner Vergänglichkeit und seiner Vergangenheit, seiner Geschichte! Meine Biografie „Mein Überlebenslauf" beginnt mit einem kurzen Resümee meines Lebens:

> Meine Eltern wollten keine Kinder mehr.
> Meine Mutter wollte endlich raus.
> Mein Vater brauchte nur einen Sohn. Für die große Firma.
> Obwohl sich meine Mutter während ihrer Schwangerschaft fast zu Tode hungerte, wurde ich trotzdem geboren.
> Vier Monate zu früh.
> Alle nachkommenden Kinder wurden abgetrieben.
> Kein guter Start ins Leben.
> Internat, Missbrauch, vier Fehlgeburten, fünf Darmoperationen.
> Mein Bruder erbt ein millionenschweres Imperium.

Ich erbe nichts.
Ein Nahtoderlebnis.
Eine fulminante Karriere, viele Preise, Erfolge am größten deutschsprachigen Theater.
Die Presse schreibt: „A star is born."
Ein lieber Mann
und Gott.

Sowohl die Ereignisse meiner Kindheit als auch die daraus folgende spätere Krankheitsgeschichte und Enterbung können durchaus als traumatisch bezeichnet werden. Rein medizinisch leide ich, wie viele mit einer solchen Vergangenheit, an einer posttraumatischen Belastungsstörung. Ich kenne unzählige Menschen, die ihr Leben lang als Opfer ihres Traumas weiterleben, oder besser gesagt: weitervegetieren. Unzählige Menschen, die darauf warten, von ihrem Trauma geheilt zu werden.

Während wir auf die „Heilung" warten, vermasseln wir uns die Gegenwart! Wir sind nicht mehr Gestalter unseres Seins.

Während wir auf die „Heilung" warten, vermasseln wir uns die Gegenwart! Wir sind nicht mehr Gestalter unseres Seins. Die Gegenwart ist kein Zeitraum, sondern ein Verfügungsraum, und zwar der einzige Verfügungsraum, den wir zum Leben haben! Das ist kein philosophisches Gedankenspiel à la Heidegger, sondern eine physikalische Tatsache. Jeder Tag soll mit Nischen der Freiheit und Würde ausgestaltet werden. Das geht nur mit Wachheit, mit geistiger Wachheit.
Wenn wir uns nicht mit unserer Vergangenheit oder unserer Krankheit aussöhnen, verpassen wir buchstäblich unseren einzigen Verfügungszeitraum des Lebens! Wir verpassen das Leben selbst, das ausschließlich im Jetzt gelebt werden kann. Für mich beginnt dieser Prozess, als ich meine große Darmoperation habe. Meine Mutter hat mich als Baby „irrtümlich" zu Tode gefüttert, bis der Darm geplatzt ist. Eine

Notoperation rettet damals mein Leben. Dadurch ist mein Darm schon von Anfang an ein krankes Organ. Durch einen Blinddarmdurchbruch im Internat entstehen an den Narben Verwachsungen, die zu einem Darmverschluss Anfang zwanzig führen. Die Ärzte meinen, die folgende Operation werde alles in Ordnung bringen. Ich denke also, ich sei nach ein paar Wochen Genesungszeit wiederhergestellt. Vier Monate nach der ersten Operation wieder dasselbe, wieder Verwachsungen. Die zweite Operation folgt! Ich bin am Ende. Kein Tag ohne Schmerzen, keine Nahrungsaufnahme ohne Schmerzen, keine Nacht ohne Schmerzen. Wie soll meine Zukunft mit dieser Krankheit aussehen? Ich frage Gott: „Was soll ich mit meinem Leben machen?" Ich habe damals gerade meine 4-jährige Ausbildung an der Hochschule für darstellende Kunst beendet und schon einige große Rollen gespielt. Aber angesichts meines gesundheitlichen Zustandes habe ich gar keine andere Wahl, als mir ernsthaft zu überlegen, wie und ob ich weiterleben will. Die behandelnden Ärzte bieten mir nur düstere Zukunftsperspektiven. Nach ihrer Aussage bleibt mir nicht mehr viel anderes übrig, als im Bett zu liegen und zu versuchen, die Schmerzen zu ertragen. Ab und zu vielleicht noch ein Stündchen spazieren gehen. Ich komme nur noch mit Flüssigkeiten zurecht. Festes Essen bläht den Bauch wie einen Ballon schmerzhaft auf. Bereits eine Rosine kann das Fass zum Überlaufen bringen und zum nächsten Darmverschluss führen.

Die Wirklichkeit stürzt auf mich während der Tage im Krankenhaus und zu Hause ein. Ich will nur noch, dass dieser Albtraum vorübergehe. Aber der Gesundheitszustand bessert sich nicht, eher verschlechtert er sich. Ein weiteres Mal blähte sich der Bauch auf. Ich verfalle in einen Dämmerzustand. Muss noch einmal operiert werden. Ich weine lange und bitterlich. Ich halte mich genau an die Anweisungen der Ärzte: nur flüssige Nahrung, liegen, schlafen, Toilette, essen, Wärmflasche, liegen, schlafen und nur ja keinen Stress, nur ja keine neuen

Herausforderungen. Dies halte ich auch eine Zeit lang durch, mit der Hoffnung, dass sich mein Zustand bessert. Aber genau das Gegenteil ist der Fall! Je mehr ich als Opfer der Krankheit lebe, desto gelähmter werde ich. Mein Leben beschränkt sich fast nur noch auf meine Krankheit.

Wir können als Opfer unserer Krankheit leben und nur das tun, was uns die Krankheit diktiert. Oder wir können die restlichen Bereiche unseres Lebens stärken und neue Möglichkeiten erschaffen. Wir können im Rahmen unseres Einflussbereiches vom Opfer zum Schöpfer werden.

Schließlich beschließe ich, dass ich diesen Zustand nicht mehr aushalten kann und will. Ich versuche trotz Schmerzen, täglich durch das Haus zu marschieren, um meiner Verdauung auf die Sprünge zu helfen. Heute kann ich trotz Schmerzen joggen und meiner beruflichen Tätigkeit nachgehen. Ich habe gelernt, dass ich nur esse, wenn ich mich danach auch hinlegen kann. Wenn ich weiß, dass ich noch Sport treiben möchte oder eine Vorstellung oder Probe habe, dann muss ich meine Nahrungsaufnahme dementsprechend einteilen. Manchmal gibt es den ganzen Tag nur flüssige Nahrung, aber ich kann leben. Wenn ich mich weiterhin nur nach meiner Krankheit gerichtet hätte, wäre ich irgendwann am Rande des Suizids gelandet.

Diese Neuorientierung geschieht natürlich nicht über Nacht. Es ist ein langsamer, langer Prozess, in dem ich mich noch immer befinde (und ich bin noch lange nicht da, wo ich gerne wäre ...). Selbstverständlich bleiben immer noch große Einschränkungen. Aber innerhalb dieser Beschränkungen bin ich ein freier Mensch. Ja, ich habe keine Kontrolle über meine Schmerzattacken, meinen Darm. Ich habe keine Kontrolle darüber, dass jedes Essen Schmerzen verursacht. Ich habe keine Kontrolle darüber, wann eine Schmerzattacke kommt und wie lange sie dauert. Ich bin durch die Schmerzen oft außer Gefecht gesetzt oder übermäßig gereizt, nicht belastbar. Aber für den Rest meines Seins kann ich die Initiative ergreifen!

Welche Sache können Sie tun (die Sie zurzeit nicht tun), die bei regelmäßiger Ausübung einen riesigen Unterschied in Ihrem Leben ausmachen würde?

_____

_____

Wir können unsere Probleme angehen, anstatt immer nur auf sie zu sehen. Am entscheidendsten ist, wie wir auf die Dinge, die uns widerfahren, reagieren. Wir haben die Verantwortung, dass unser Leben jetzt geschehen kann. Auch wenn wir eingeschränkt sind, sind wir handlungsfähig. Wenn wir mit unserem „Schicksal" hadern, führt das zu einem dramatischen Aufmerksamkeitsdefizit in der Gegenwart. Wir haben dann zu wenig geistige Präsenz im Jetzt. Wir leben in den Traumata der Vergangenheit oder in den Ängsten unserer Zukunft. Es kommt jedoch auf unsere „Geistes-Gegenwart" an. Die Gegenwart ist der einzige Verfügungsrahmen, den der Mensch besitzt. Den wollen wir uns nicht rauben lassen.

Wenn wir mit unserem „Schicksal" hadern, führt das zu einem dramatischen Aufmerksamkeitsdefizit in der Gegenwart.

EXPERIMENT 5

Aussöhnung mit der Vergangenheit

*„Mein Leben war voller Unglück,
von dem das meiste nie passiert ist."*
Michel de Montaigne

Es gibt zwei „Räuber", die das meiste unserer (Geistes-)Gegenwart rauben:
erstens das Hadern mit der Vergangenheit – das Grübeln und Nicht-mehr-Weiterwissen, gemeinsam mit dem „Raubtier" Unversöhnlichkeit.
Zweitens die Angst vor der Zukunft. Sorgen aller Art blockieren konstruktive Lösungsmöglichkeiten. Auch hier herrscht Unversöhntheit – mit eventuellen Unannehmlichkeiten, die auf einen zukommen könnten. Selbst den eigenen Tod empfindet das narzisstische Selbst als Kränkung. Täglich findet man in den Zeitungen Todesanzeigen 70-, 80- ,90-Jähriger mit den Worten „plötzlich", „überraschend aus dem Leben gerissen". Warum überrascht uns ein ganz natürliches Vorkommnis wie der Tod?
Durch den Hader mit der Vergangenheit und die Angst vor einer nicht zu bewältigenden Zukunft gleicht unsere (Geistes-)Gegenwart eher einer Schmalspurpräsenz. Wir verpassen jedes sinnvolle Handeln im Hier und Jetzt. Es kommt jedoch gerade darauf an, in der Gegenwart an den Umständen zu feilen. Jeden Tag ohne Groll gegen gestern und

ohne Zittern vor morgen zu gestalten. Es kommt auf unsere geistige Wachheit in Ausnahmesituationen an. Es kommt darauf an, dass wir uns Nischen an Freiheit und Würde bewahren.

„Es geht nicht darum, dem Leben mehr Tage zu geben, sondern den Tagen mehr Leben", sagte die Ärztin Cicely Saunders. Bei den Herausforderungen von heute brauchen wir unbedingt volle Präsenz. Unversöhnlichkeit führt zu einem Aufmerksamkeitsdefizit. Wir zeigen dann wenig geistige Präsenz in der Gegenwart. Dann wundern wir uns, wie erschöpft wir sind. Die Herausforderung besteht darin, loszulassen und flexibel zu bleiben. Sokrates schrieb: „Das Geheimnis des Wandels: Konzentriere nicht deine Energie darauf, das Alte zu bekämpfen, sondern das Neue zu formen."

Auch ich fokussierte mich jahrelang auf nie mehr nachzuholende Versäumnisse, auf Erlebnisse, die nicht mehr gutzumachen sind. In der Folge fühlte ich mich erschöpft, depressiv, starr. Ich wurde von meiner vermögenden Familie um mein Erbe betrogen und enterbt. Fälschlicherweise habe ich das Trauma alleine für die Krankheit verantwortlich gemacht. Doch es geht auch darum, wie ich heute damit umgehe. Was meine Eltern getan haben, Verletzungen und Wunden können mich in der Gegenwart daran hindern, etwas Neues zu tun. Zu einem gesunden Selbstwertgefühl gehört deshalb auch die Aussöhnung mit der eigenen Lebensgeschichte. Irgendwann muss jeder die Verantwortung für sein Leben übernehmen. Er muss seine Vergangenheit als das Material annehmen, das zu formen er bereit ist.

Ich bin von Natur aus kein sehr glücklicher Mensch. In meiner Familie ist niemand glücklich. Das heißt aber nicht, dass ich unglücklich sein muss. Die andere Hälfte meines Seins, die nicht genetisch bestimmt ist, kann ich aktiv beeinflussen. Wenn ich mich aussöhne mit meinem Lebensweg, kann er gerade auch mit seiner schwierigen Wegstrecke vielen hel-

fen. Gott kann aus dem Falschen etwas noch viel Richtigeres machen, als das Richtige je gewesen wäre.
Wie Josef fühlte ich mich von meiner Familie verraten und verkauft. Vor diesem Hintergrund begleitete mich seine Geschichte viele Jahre lang. Ich entdeckte Details, die ich bislang übersehen hatte: Auch für mich bedeutet „aussöhnen und vergeben" nicht gleich „vergessen". Aussöhnung heißt nicht, so zu tun, als ob nichts geschehen wäre. Aussöhnung heißt nicht, dass keine schreckliche Tat begangen wurde. Die Schuld muss ich nicht bagatellisieren. Bevor Vergebung stattfinden kann, muss die Schuld des anderen deutlich identifiziert werden. Aussöhnung heißt nicht, dass ich dem Menschen wieder vertraue, dem ich vergeben habe. Aussöhnung heißt nicht, alles zu entschuldigen. Aussöhnung heißt nicht, zu vergessen und verharmlosen. Fakten müssen offen ausgesprochen werden. Es geht darum, sich von dem zu distanzieren, was andere zu verantworten haben. Aussöhnung heißt nicht, dass ich keine unangenehmen Gefühle mehr gegen eine Person habe. Wut kann die absolut richtige Reaktion auf etwas Falsches sein. Wir können es auch aushalten, für den anderen ein Reibungspunkt zu sein, ohne auf das gleiche Niveau wie der Aggressor zu sinken und ohne mit dem Himmel zu hadern.

Der Mensch hat im Gegensatz zu anderen Lebewesen zusätzlich auch geistige Kräfte, ja, wir Christen haben sogar den Heiligen Geist versprochen bekommen, also geistliche Kräfte. Durch unsere Fähigkeit zur Selbstdistanzierung können wir von jedem Elend – auch von Hass, Wut und Rachegefühlen im eigenen Inneren – ein Stück abrücken und den Sinn hochhalten.

Viktor Frankl hat diesen Begriff der Selbstdistanzierung geprägt. Er selbst hat das KZ überlebt, aber seine gesam-

> *Gott kann aus dem Falschen etwas noch viel Richtigeres machen, als das Richtige je gewesen wäre.*

te Familie und seine erste Frau durch die Nazis verloren. Er hat auch das Konzept der Selbsttranszendenz entwickelt. Für ihn bedeutet, Mensch zu sein, über sich selbst hinauszugehen, auf etwas zu verweisen, das nicht wieder wir selbst sind. Also etwa auf den Sinn dahinter zu zeigen oder auf einen Mitmenschen, den wir lieben. Der Mensch genügt sich niemals selbst. In der Selbsttranszendenz ist der Mensch fähig, einen Sinn zu finden, der höher ist als er selbst und der nicht wieder er selbst ist. Auf diese Weise können wir unsere eigenen Grenzen überschreiten. Dadurch kann Aussöhnung geschehen.

Aussöhnung mit der Vergangenheit ist das geistige Kind der Selbstdistanzierung sowie der Selbsttranszendenz und macht Frieden möglich. Ohne Frieden nützen uns unsere Überlebenskräfte wenig. Menschen, die sich mit ihrem Trauma nicht aussöhnen und im Hass verheddern, vermögen es nicht, mit ganzem Herzen einen Sinn anzustreben. Wenn wir zornentbrannt oder verbittert sind, dann ist unser Herz besetzt. Es bleibt kaum Platz für einen Sinn! Wir schreiben dann unser Unglücklichsein dem Trauma oder dem Feind zu. Dabei bleiben wir weiter unversöhnt, brennen in Bitterkeit und landen seelisch erstarrt in einer Erschöpfungsdepression.

Die Misshandlungen, die mir meine Eltern angetan haben, haben meinen Darm zerstört. Ja, das macht mich zornig, aber will ich lebenslang am Zorn festhalten? Dann wäre ich kaum fähig, tatsächlich in der Gegenwart zu sein, da mich mein Darm ja immer an meine Vergangenheit erinnert. Ich habe alles Geld verloren, bin durch Betrug enterbt worden. Aber möchte ich weiter auf Vergangenes starren? Möchte ich weiterhin meine Energie auf das Bekämpfen des Alten verwenden?

Mein Bruder hat nach der Entmündigung meines Vaters unsere Firma für ca. 17 Millionen Euro verkauft. Alles, was mein Vater jemals an Grundstücken, Häusern, Wertpapieren, Geld besaß, wurde in eine Stiftung verschoben. Diese hat nur zwei Begünstigte: meinen Bruder und meine Mutter. Mein Bruder zahlte mir keinen Pflichtanteil aus. Die Aktennotizen dazu sind niederschmetternd: „Wie lösen wir das Problem Eva-Maria?" „Wie können wir ihren Pflichtanteil umgehen?"

Was mir bei der Verarbeitung dieses Unrechts sehr geholfen hat, war die Geschichte Josefs mit seinen Brüdern. Ja, die meisten kennen den Inhalt – aber nicht die erstaunlichen Details, wie Josef seine Geschichte verarbeitet. Nein, er bleibt nicht lammfromm, wird nicht zum Fußabstreifer seiner Familie, verzeiht nicht einfach so, als ob nichts geschehen wäre! Im Gegenteil. In seiner Trauer, seiner Verzweiflung lässt er seine Brüder spüren, was sie ihm angetan haben. Er schmuggelt ihnen einen Goldbecher in ihr Gepäck, um sie ins Gefängnis werfen zu können und mit dem Tode zu bedrohen. Es dauert Wochen, bis er sich zu erkennen gibt und das „Spiel" beendet – das Spiel, das sein Leben lang mit ihm gespielt wurde. Er versetzt die gesamte Familie in Angst und Schrecken. Sie erinnern sich dadurch immer wieder an ihre eigene Schuld. In ihrer Todesangst bekennen sie: „Das alles ist nur aufgrund dessen geschehen, was wir Josef vor langer Zeit angetan haben. Wir haben seine Angst gesehen, als er uns um Gnade anflehte, aber nicht darauf gehört. Jetzt müssen wir dafür büßen" (1. Mose 42,21; NLB).

Für den inneren Frieden ist es unumgänglich, die tristen Fakten offen vor sich liegen zu haben, aussprechen zu können und zu veröffentlichen. Worum es dann geht, ist, sich von dem zu distanzieren, was andere zu verantworten haben oder das Leben zu verantworten hat. Das ist Selbstdistanzierung.

Ja, wir müssen uns wehren, aber es geht auch darum, inneren Frieden zu finden. Für mein eigenes Handeln kann ich niemanden außer mich selbst verantwortlich machen. Ich kann und werde meine Familie nicht ändern. Ich kann lediglich mein eigenes Tun, mein eigenes Leben beeinflussen. Deshalb ist es wichtig, dass ich meine Ziele kenne.

Was wollen Sie auf dieser Welt hinterlassen?

―――――――――――――――――――
―――――――――――――――――――

Ein gut gefülltes Bankkonto oder eine aufgeräumte Küchenschublade? Eine Handvoll Kinder? Ein Herz voll Glück, das irgendwann aufhört zu schlagen, aber Wärme hinterlässt für zehn Winter? Möchten Sie Geschichten erfinden oder Geschichte machen? Eine bessere Welt bauen, ein Staudenbeet pflanzen oder einen Kräutergarten? Möchten Sie ein Haus bauen, eine Decke häkeln oder einfach Erde werden, auf der das Gras wächst?
Die entscheidende Frage an uns ist: Was tun wir, um der zu werden, der wir einmal gewesen sein wollen? Denken Sie darüber jetzt nach.

Was tue ich, damit ich der bin, der ich gewesen sein will, wenn ich nicht mehr bin?

―――――――――――――――――――
―――――――――――――――――――

Von Jürgen Werth gibt es ein Gebet der Vergebung, das mich schon lange begleitet:

💬 Mein Gott, ich möchte jetzt in der Kraft deines heilenden Geistes jedem vergeben, der mich angegriffen oder verletzt hat.
Ich bitte dich, dringe jetzt ein in die Bereiche meines Lebens und meines Geistes, die noch nicht von deiner Vergebungskraft erfüllt sind.
In deiner Kraft, Herr, vergebe ich meiner Mutter, jede einzelne Verletzung, die sie mir zugefügt hat, ihren Ärger über mich, ihre Empfindlichkeit gegen mich, jede einzelne Strafe, die sie mir ungerecht auferlegt hat.
Ich vergebe ihr, dass sie meinen Bruder vorgezogen hat, dass sie mir gesagt hat, ich sei widerwärtig, dumm, unerzogen,
dass ich nichts tauge,
dass ich die Familie viel Geld gekostet habe,
dass ich ihr Leben zerstört habe.
Ich vergebe ihr,
dass sie zu meinem Vater kein gutes Verhältnis hatte und dann bei mir ihren Frust abgelassen hat,
sodass ich mich nicht entfalten konnte,
nie ich selbst sein durfte.
Ich vergebe meinem Vater, der nie Zeit für mich hatte, dass ich nie seine Liebe und Zuwendung spüren durfte.
Ich vergebe ihm, dass er mich nur korrigiert, mir aber nicht geholfen hat.
Ich vergebe ihm,
dass er immer übermäßige Leistungen von
mir erwartete,
ohne mich wirklich zu bejahen.
Ich vergebe ihm,
dass er mich in meiner Reifezeit nicht begleitet hat.
Ich vergebe ihm die Kämpfe mit meiner Mutter, die mich erschreckt und verwundet haben.
Ich vergebe ihm, dass er uns im Stich gelassen hat.
Gib mir die Kraft, jener Person zu vergeben,

die ich als meinen größten Feind betrachte,
dem zu vergeben mir sehr schwerfällt.
Dem ich gesagt habe, dass ich ihm nie vergeben könnte.
Herr, lass mich nicht nur vergessen.
Lass mich vergeben.
Vollende in mir, was du begonnen hast.
Erlöse mich von dem Bösen und heile mich.

Wollen Sie jetzt Ihr eigenes Gebet der Vergebung schreiben? Es kostet viel Mut. Aber so schaffen Sie Freiraum für Ihre neue Geschichte.

Mein Gebet der Vergebung

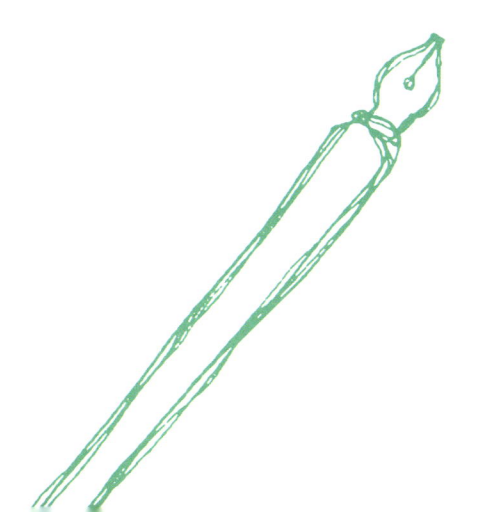

_____

_____

_____

_____

EXPERIMENT 6

Meine Geschichte als mein Kapital

Angst zerstört das beschwingte Leben.
Wie kann man diese Angst bannen?
Nur durch ihren Gegenspieler, die Liebe.
Ist das Herz voll Liebe, bleibt kein Raum mehr für Angst,
Zweifel und Unentschlossenheit.

Wir haben gesehen: Zum Selbstwertgefühl gehört auch die Aussöhnung mit der eigenen Lebensgeschichte. Wir können unsere Vergangenheit als Material übernehmen, das wir zu formen bereit sind. Und es ist möglich, etwas Schönes daraus zu gestalten. Aber wir müssen uns auf das Material einlassen.

Vielleicht fragen Sie sich: Ist mein Charakter nicht schon von Geburt an festgelegt? Bin ich nicht schon eine bestimmte Persönlichkeit von vornherein? Gewisse Charaktereigenschaften kann man schon sehr früh bei Kindern beobachten. Hat man also die Persönlichkeit mit all ihren Vor- und Nachteilen von Anfang an im Gepäck? Oder wird sie im Laufe des Lebens geformt? Was versteht man überhaupt unter „Persönlichkeit"?

Natürlich ist jedes Kind von Anfang an „Person", mit gewissen Veranlagungen, Eigenheiten, Genen. Dann kommen die Einflüsse der Umgebung, der Erziehung hinzu. Im Laufe des Lebens wird es aber selbstständig an sich arbeiten.

Der spätere Erwachsene wird also nicht nur das Produkt von Umwelteinflüssen, Vergangenheit, Genen, Erbe sein, sondern wird auch sein Selbstgestaltungspotenzial einsetzen. Gott hat uns ein ungeheures Gestaltungspotenzial geschenkt! Wir können also wirklich etwas aus unserem Leben machen!

In den Sechzigerjahren war die Fachwelt da noch ganz anderer Meinung. Man dachte, ein Kind sei das Produkt seiner Umwelt, Erziehung, Gene und der sozialen Verhältnisse. Man nannte das „Milieudeterminismus" – eine der großen Sackgassen der Psychologie. Heute wissen wir, auch durch die Gehirnforschung, dass man daran nicht so gebunden ist, wie man damals angenommen hat. Kinder aus gleichen Familien, sogar eineiige Zwillinge, können sich bei allen Gemeinsamkeiten völlig unterschiedlich entwickeln. Aus der Zwillings-Statistik heraus sieht man, dass Menschen mit sehr ähnlichen traumatischen Erlebnissen sehr unterschiedliche Erwachsene werden können. Der Mensch wird nicht nur gemacht, er macht etwas aus sich. Er hat ein eigenes Gestaltungspotenzial.

Der Mensch wird nicht nur gemacht, er macht etwas aus sich. Er hat ein eigenes Gestaltungspotenzial.

Die Wissenschaft ist zwar vom Determinismus abgekommen, aber trotzdem spukt er in kleinerer Form noch immer in unseren Köpfen herum, zum Beispiel in Form folgender Gedanken: „Wenn ich nicht geliebt worden bin, dann kann ich auch nicht lieben." „Wenn ich dieses oder jenes nicht erfahren habe, dann kann ich es auch nicht leben."

Wir Menschen selbst sprechen uns oft sehr abhängig. Wir fühlen uns ohnmächtig und machtlos. Dabei verwechseln wir das Baumaterial mit dem Baumeister. Was ein Kind mitbekommt – von der Gesellschaft, der Umwelt, den Geschwistern, den Genen –, das ist alles das Baumaterial. Es kann besser oder schlechter sein, brüchiger Sandstein oder Marmor. Das ist unterschiedlich und nicht „gerecht" verteilt. Allein das Geburtsgewicht spielt beispielsweise eine ganz große Rolle. Dennoch ist der Mensch nicht Baumaterial, sondern er selbst ist der Baumeister und baut aus diesem Baumaterial sein Lebensgebäude. Gott, als der Bauherr, wacht darüber und steht mit Rat und Tat zur Seite. Er sorgt auch dafür, dass wir gewisse Spielräume haben. Ein geschickter Baumeister kann mit seiner Unterstützung aus einem minderwertigen Material etwas Wunderschönes bauen, während ein anderer das Vorhandene nicht nutzt, sondern die Marmorblöcke einfach herumliegen lässt und nichts damit macht. Deshalb könnte es sogar sein, dass derjenige mit dem minderwertigen Baumaterial Bauwerke baut, die der andere nicht bauen kann. Nicht alles kann ich mit Marmor machen. Bestimmte Verletzungen, Handicaps, die ich habe, machen mich ja auch sensibel. Wäre es denkbar, das Leben und die eigene Vergangenheit nicht unter dem Aspekt zu sehen: „Was habe ich Schlechtes mitbekommen?", sondern vielmehr zu denken: „Vielleicht kann ich etwas aus dem, was ich mitbekommen habe, formen"? Als Christ kann ich genau das als meine Aufgabe sehen.

Es ist eine hohe Kunst, aus minderwertigem Material schönste Bauten zu errichten. Aber es ist möglich, so wenig logisch das klingt. Ich denke da an einen Mann, der aus einer Familie stammte, dessen Eltern drogenabhängig waren. Er wurde als Kind schwer misshandelt, eines seiner Geschwister ist aus ungeklärten Gründen gestorben. Er wuchs in Heimen auf. Mit 18 Jahren beschloss er, dafür zu sorgen, dass anderen Kindern ein solches Leid erspart bleibt. Er holte die Schule nach und schlug eine Laufbahn als Sozialarbeiter ein. Heute arbeitet er beim Kinderschutzbund und ist einer der besten Mitarbeiter dort. Er ist Spezialist für schwerstmisshandelte Kinder und deren Eltern.

Die Wende im Leben des heutigen Sozialarbeiters kam, als er nicht mehr darüber nachdachte, was für eine schlechte

Kindheit er hatte, sondern sich fragte, was er für andere Kinder in ähnlichen Nöten tun konnte. Sein Beispiel zeigt auch, dass wir viel mehr Liebe geben können, als wir empfangen haben.

Ihre Geschichte ist Ihr Kapital. Wenn Sie sich mit Ihrem Lebensweg aussöhnen, dann kann er gerade auch mit seiner schwierigen Wegstrecke Frucht für viele bringen. Sie müssen nicht an Ihrer Vergangenheit kleben bleiben! Vor Kurzem kam ein Experte für nächtliches Zähneknirschen aus Holland ins Landeskrankenhaus Salzburg. Er beschäftigt sich seit zwanzig Jahren mit der Frage, warum Menschen im Schlaf so sehr die Zähne zusammenbeißen, dass sie teilweise sogar ihre Zähne verlieren. Ich gehöre auch zu dieser Gruppe. Daher hatte ich das Privileg, einen Termin bei dem Professor zu ergattern.

Zu Beginn gingen wir einen ca. 25 Seiten langen Fragebogen über meine Kindheit und meine Vergangenheit durch. Nach 1,5 Stunden sah er auf seine Auswertung und schüttelte den Kopf. Deprimiert sagte er, dass ich jeden einzelnen Risikopunkt erfüllen würde. Ich sei also zu 100 Prozent dafür prädestiniert, ein Knirscher zu sein und zu bleiben. Als ich ihn fragte, ob es irgendeine Therapie gäbe, meinte er: „Nicht bei dieser Punktezahl. Das ist hoffnungslos. Sie werden sich auf dritte Zähne einstellen müssen."

Auf dem Nachhauseweg pochte es in meinem Kopf. „Es ist hoffnungslos." Nicht einmal irgendeine Therapie würde dieses unbewusste Verhalten, das nur im Schlaf stattfindet – also nicht steuerbar ist –, verändern. Welch vernichtendes Urteil. Wenn ich nicht an Gott glauben würde, hätte ich mich in diesem Moment absolut hilflos und ohnmächtig gefühlt. Verurteilt von Geburt an.

Jesus möchte uns von der Vergangenheit befreien und uns neues Leben geben. Gnade ist Gottes offizielle Arbeitsplatzbeschreibung. Ich kann mit Gottes Hilfe richtig mit meiner Vergangenheit umgehen. Meine Identität kommt

aus Jesus, aus dieser „Geistes-Gegenwart", nicht aus meiner Vergangenheit.
Noch einmal möchte ich 2. Korinther 5,17 in Erinnerung rufen: „Ist jemand in Christus, so ist er eine neue Kreatur" (LUT).

> Was ist das Neue, das in Ihrem Leben schon geschehen ist? Was ist anders geworden? Was hat sich verändert?
> Versuchen Sie, keine vorverdauten Antworten zu geben, sondern der Wahrheit auf die Spur zu kommen.

Ich muss nicht auf das aufbauen, was ich die ganze Zeit von mir gedacht habe. Ich kann einen Glaubensschritt machen und etwas ganz Neues ausprobieren. Meine Identität ist nicht, dass ich ein Sünder bin. Sogar die „sündhaftesten" Gemeindemitglieder, nämlich die Korinther, nennt Paulus „Heilige" (z.B. 1. Korinther 1,2). Ich bin „heilig" dadurch, dass Christus für mich gestorben ist. Er möchte mir sein neues Leben schenken, das dem Bild meines wahren Selbst entspricht.

Wir handeln gemäß dem, was wir über uns selbst denken. Wenn wir uns als Versager sehen, werden wir auch wie Versager handeln. Wenn wir denken, dass wir „geheiligt" sind, werden wir auch anders leben. Nicht perfekt, nicht fehlerlos, aber geheiligt durch das Blut Jesu.

Überdenken Sie Wunden und Schmerzen aus Ihrer Vergangenheit – inwiefern hindern Sie diese Dinge daran, frei zu sein?

_____

_____

Nehmen wir zum Beispiel das Gefühl, dauernd kritisiert zu werden, nie zu genügen, immer noch mehr leisten zu müssen. Es hindert uns daran, mit Kritik neutral, objektiv umzugehen, sie also nur auf die Sache zu beziehen. Wir fühlen uns immer gleich als ganze Person angegriffen.

Der neue Weg wäre, dem neuen Geist von Christus Raum zu geben und in ihm unser Selbstwertgefühl so zu etablieren, dass es sicher ist. Wir können uns unseres Wertes für Gott und von Gott her bewusst sein. Dann kann uns die Meinung anderer nicht so sehr erschüttern. Unser Selbstwertgefühl ist nicht mehr ausschließlich davon abhängig.

Wir lernen in der Folge, das Leben lockerer zu sehen. Wir können unsere Vergangenheit nicht ändern, aber wir können uns selbst in einem anderen Licht sehen. Wir haben mit dem Heiligen Geist, mit der Geistes-Gegenwart, eine Hilfe, um unser altes Wesen abzulegen. Wir können uns selbst als völlig neue Schöpfung sehen, von Gott geschaffen, in Gottes Kraft.

Psalm 142 zeigt, wie David mit seinen Nöten umgeht: „Ich schütte meine Klage vor ihm aus ... Errette mich ... führe mich aus dem Kerker" (Verse 3.7.8; LUT).

Wir können unsere Vergangenheit nicht ändern, aber wir können uns selbst in einem anderen Licht sehen.

Überdenken Sie Ihren „Kerker".
Schütten Sie dann Ihre Klage vor Gott aus.

_____

_____

Unsere Reaktionen hängen davon ab, wie wir uns selbst unbewusst oder bewusst wahrnehmen. Wir können nur als neues Wesen leben, wenn wir uns selbst so sehen, wie Christus uns sieht.
Sie sind kein Produkt Ihrer Vergangenheit. Sie sind Gottes geliebtes Kind. Sie stehen vollkommen vor Gott, und es gibt nichts, was Sie von seiner Liebe trennen könnte. Sie sind nicht Gottes geliebtes Kind, weil Sie endlich gut sind, sondern weil er für Sie gestorben ist.
Während wir lernen, unsere Vergangenheit, die uns beschwert, auf die Seite zu legen, beginnen wir, unser Leben von Gottes Standpunkt aus zu sehen, im Licht der Ewigkeit. Was bedeutet 2. Korinther 4,16-18 für unser Leben?
„Wenn auch unser äußerer Mensch verfällt, so wird doch der innere von Tag zu Tag erneuert. Denn unsere Bedrängnis ... schafft eine ewige und über alle Maßen gewichtige Herrlichkeit uns, die wir nicht sehen auf das Sichtbare, sondern auf das Unsichtbare. Denn was sichtbar ist, das ist zeitlich; was aber unsichtbar ist, das ist ewig" (LUT).
Wir müssen auf das Unsichtbare sehen, auf die neue Kreatur, und nicht auf das Sichtbare. Wir sehen uns selbst und alle anderen als Erlöste in Christus.
Überlegen Sie: Wie können Sie Philipper 3,12-13 in Ihrem Leben anwenden?

> „ Ich will nicht behaupten, ich hätte dies alles schon erreicht oder wäre schon vollkommen! Aber ich arbeite auf den Tag hin, an dem ich endlich alles sein werde,

wozu Christus Jesus mich errettet und wofür er mich bestimmt hat. Nein, liebe Freunde, ich bin noch nicht alles, was ich sein sollte, aber ich setze meine ganze Kraft für dieses Ziel ein. Indem ich die Vergangenheit vergesse und auf das schaue, was vor mir liegt (NLB).

Selbst Paulus sagt, dass er es noch nicht ergriffen hat, aber dass er sich nach diesem Ziel ausstreckt. Ich bin ein neuer Mensch, aber noch nicht ganz. Ich strecke mich nach diesem Sieg aus, den ich schon habe. Ich kann das annehmen, was ich schon habe.

Meiden Sie kritische Menschen, die an sich und anderen kein gutes Haar lassen, wie zum Beispiel:

Welche Seiten an sich, die Ihnen gefallen und anderen guttun, können Sie pflegen?

Was ist das „Kapital" Ihrer Lebensgeschichte?

EXPERIMENT 7

Im Jetzt leben – ein Geheimnis!

Vielleicht erkennen wir die Werte des Hier und Jetzt immer erst dann, wenn sie in Gefahr sind.

Die Glücksforschung besagt, dass glückliche Menschen im Hier und Jetzt leben.
Es ist Herbst 2015. Die Veröffentlichung meines Buches „Mein Überlebenslauf" ist mit großem Medienecho über die Bühne gegangen. Wir wollen uns ein paar Tage in der Sonne in Italien gönnen. Nach zwei Tagen bekomme ich plötzlich starke Unterleibsschmerzen. Ich denke an eine Blasenverkühlung und versuche, die Schmerzen zu ignorieren. Erst als ich mit Schüttelfrost und 39 Grad Fieber im Bett liege, beschließen wir, unseren Urlaub abzubrechen und in Österreich zum Arzt zu gehen. Es wird eine Grippe diagnostiziert.
In der kommenden Nacht verschlechtert sich mein Zustand zunehmend. Am darauffolgenden Morgen schleppe ich mich noch einmal zum Arzt und verlange eine Blutabnahme, um zu wissen, was mit mir los ist. Er lehnt ab und schickt mich wieder nach Hause.
Endlich, nach einem weiteren Tag, überweist mich der Hausarzt in ein Krankenhaus in Salzburg. Dort wird auf

der Intensivstation eine schwere Blutvergiftung festgestellt. Doch am zweiten Tag tappen die Ärzte wieder im Dunkeln. Am dritten Tag wird die Gallenblase operiert. Mein Zustand verschlechtert sich, ich bekomme eine Lungenentzündung und immer mehr Wasser im Bauch.

Vierter Tag: massive Zunahme von Wasser im Bauchraum.
Fünfter Tag: Alle innen Organe werden untersucht.
Sechster Tag: Der Tumormarker steigt fortwährend.

Ich bitte Eric, meine Auftritte für mich wahrzunehmen. Er weiß noch nichts von der Schwere meiner Erkrankung. Als ich ihn um 16 Uhr am Telefon erreiche, sitzt er im VW-Bus vor dem Theater. Ich will ihn vor der Vorstellung schonen, ihm nichts sagen. Doch als ich seine Stimme höre, schluchze ich unweigerlich auf. Es bricht aus mir heraus: „Eric, man hat im Ultraschall deutliche Hinweise auf Bauchfellkrebs gefunden. Bitte ruf mich nach der Vorstellung an, damit ich mir dir reden kann!"

Eric spielt zitternd das Stück. Das Publikum ist begeistert. Danach kann ich ihm endlich die weiteren Schritte erklären. Bauchfellkrebs bedeutet eine Lebensspanne von maximal drei Monaten. Drei Monate – und das Krankenhaus hat erst in zehn Tagen einen Termin für eine CT-Untersuchung speziell nur für das Bauchfell. Bis dahin bleibt nur abwarten.

Zehn Tage warten! „Ich kann doch nicht zehn Tage herumsitzen und warten", sage ich. „Lass uns für ein paar Tage ans Meer fahren und die Natur genießen." Ich buche einen Last-Minute-Urlaub in der Türkei. Die Ärzte warnen: „Wenn da irgendetwas passiert, man kann nie wissen. In der Türkei können wir ihnen nicht helfen. Sie sollten lieber im Bett zu Hause bleiben!"

Als wir in der Türkei ankommen, habe ich über zehn Kilogramm Wasser im Bauch. Wir machen lange, sehr langsame Wanderungen, führen viele Gespräche. Seltsamerweise kaum traurige. Wir nehmen wahr, wie schön das Meer, die Sonne, der Strand ist, wie gut der Tee schmeckt. In meinen Gesprächen mit Gott sage ich einmal im Scherz: „Gott, du kannst doch nicht ‚Mein Überlebenslauf' zum Bestseller werden lassen und mich unmittelbar danach sterben lassen. Das wirft kein gutes Bild auf dich. Dann glauben dir die Leser ja nicht mehr. Ich habe ihnen erzählt, wie man mit dir trotz Krankheit überleben kann." Mit Gott spreche ich über alles, was mich beschäftigt. Ja, durchaus auch mit „Galgenhumor".

Zwei Dinge gibt es, die ich sehr bedauere. Beim Strandspaziergang sage ich zu Eric: „Weißt du, was mir sehr leidtut? Ich war immer zu streng zu mir und zu anderen. Gnadenlos streng. Und zu dir auch – wegen eines vergessenen Einkaufs, eines verlorenen Schlüssels und anderen Dingen, und das tut mir jetzt richtig weh. Verzeih mir, ich möchte mich bessern!"

Als wir zurück nach Österreich kommen, habe ich nur noch 2 kg Wasser im Bauch. Ich fühle mich schwach, kann aber wieder gut gehen. Endlich kommt der Tag der Untersuchung. Die Ärzte fragen mich, wer das Wasser punktiert habe. „Niemand – oder der liebe Gott", antworte ich.

„Aber Sie müssen doch irgendwo in Behandlung gewesen sein?"

„Nein. Ich war in der Türkei im Urlaub."

Ungläubiges Staunen! Noch mal werde ich mit der Diagnose Bauchfellkrebs konfrontiert. In mir hämmert es: Eva-Maria, es ist aus. Du kannst dich jetzt getrost verabschieden.

Endlose drei Tage später bittet uns ein Arzt, ein älterer Herr, zum Gespräch in sein Büro. Er spricht sehr langsam: „Sie haben Glück. Wir können im Scan kein Bauchfellkarzinom finden. Aber Ihre Tumormarker sind noch immer sehr hoch. Das sollten Sie im Auge behalten. Bitte kommen Sie alle drei Monate zu einer größeren Untersuchung." Bis heute sind die Blutwerte schlecht, niemand weiß, warum.

Sie kennen vielleicht das Gefühl: Man hat erkannt, dass das Leben ein Geschenk ist. Am Anfang überschätzt man dieses Geschenk. Man glaubt, man lebt ewig. Später unterschätzt man es. Man findet es jämmerlich, zu kurz. Am Ende wird einem klar, dass es gar kein Geschenk ist, sondern nur geliehen. Und je älter man wird, desto mehr Findigkeit muss man entwickeln, damit man das Leben zu schätzen weiß. Der sterbende, siebenjährige Oskar sagt in meinem Stück „Oskar und die Dame in Rosa": „Jeder Dummkopf kann das Leben mit zwanzig genießen. Aber um es mit hundert noch zu schätzen, muss man schon dich kennenlernen, lieber Gott, und erkennen, dass die Ewigkeit erst nach dem Sterben anfängt."

Nach der Krankheit erlebte ich das Leben wie neu geschenkt. Nach der schrecklichen Diagnose hatte ich wieder einmal die Chance bekommen, das Leben neu zu sehen. Die ersten zehn Tage, vor dem CT, standen unter der Perspektive: „Mir bleiben maximal drei Monate." Eine wichtige Frage war hier: „Was bleibt noch zu tun?" Die Antwort war ein Befreiungsschlag: „Nichts!"

Es blieb nichts zu tun. Unglaublich – ich dachte immer, ich müsste zuerst noch mein Leben „in Ordnung" bringen. Aber da war nichts mehr in Ordnung zu bringen. Nein, damit meine ich nicht, dass nichts schiefgelaufen ist, dass ich keine schweren Fehler gemacht hätte. Aber alles, was ich hätte tun können, habe ich getan. Als sich die Diagnose dann „auflöste", weil man keinen Krebs finden konnte, war es wie ein neuer Anfang.

Wir wollen lernen, jeden Tag als neuen Anfang zu sehen. In jedem Augenblick kann alles ganz neu werden, voller Leben. Jeder Moment ist voller Versprechungen. Öffnen wir uns der Stimme, die sagt: „Lass mich dir zeigen, wie ich unter meinen Menschen lebe. Ich bin der Gott mit dir."

Gott möchte, dass wir in der Gegenwart leben, ohne die Tyrannei des „Hätte ich doch ...". Das ist schwer. Die Vergangenheit versucht uns immer Schuld aufzuladen. Dann gibt es noch die Sorgen um die Zukunft. „Was, wenn ich meinen Job verliere?" „Was, wenn ich unheilbar krank werde?" „Was, wenn mein Mann stirbt?" usw. Oder das ewige „Ich sollte, ich müsste ..."

Um in der Gegenwart zu leben, müssen wir zutiefst davon überzeugt sein, dass das Wichtigste das Hier und Jetzt ist.

„Können all eure Sorgen euer Leben auch nur um einen einzigen Augenblick verlängern?", fragt Jesus (Matthäus 6,27; NLB). Nein, wir können mit den Sorgen nicht nur nichts hinzufügen, sondern wir nehmen uns mit ihnen jede Chance, das Heute auch wirklich zu erleben.

Gott ist ein Gott der Gegenwart. Um in der Gegenwart zu leben, müssen wir zutiefst davon überzeugt sein, dass das Wichtigste das Hier und Jetzt ist.

Gebet ist eine Übung des Momentes. Hören Sie dem Gott zu, der im Hier und Jetzt ist. Hören Sie der Stimme der Liebe zu. Und kommen Sie ganz in der Gegenwart an. Hier ein paar Anregungen. Die Fülle fordert zum Auswählen auf. Je nach persönlicher Situation lohnt es sich, über längere Zeit ein bestimmtes Thema zu vertiefen.

Gebetssatz

Nehmen Sie einen einfachen Satz aus einem Gebet, ein Wort wie „Jesus" oder einen Vers, und wiederholen Sie ihn immer und immer wieder. Stellen Sie ihn ins Zentrum Ihres inneren Raumes. Besonders eignet sich dafür die Zeit vor dem Einschlafen. Statt dem Gedankenkarussell Raum zu geben, schaffen Sie auf diese Weise Raum für den Ort, wo Gott in Ihnen wohnt und er Ihnen begegnen will.

Tagesmotto

Wählen Sie einen Satz als Tagesmotto und leben Sie einen Tag lang danach. Wenn Sie es tagsüber wieder vergessen –

kein Problem. Sobald Sie sich wieder an Ihr Motto erinnern, steigen Sie wieder ein.

Zum Beispiel:
- Ich richte mein Denken auf den gegenwärtigen Augenblick.
- Ich freue mich jetzt – und nicht erst später.
- Ich bin bereits auf dem Weg glücklich – nicht erst am Ziel.
- Ich tue etwas, anstatt mir darüber Sorgen zu machen.
- Ich mache etwas Schönes aus dem Jetzt.

Atemübung
Dreimal täglich (am besten vor oder nach den Mahlzeiten oder bei täglichen Wartezeiten) spüren Sie ganz bewusst Ihren Atem. Sie atmen tief ein und aus. Das Wahrnehmen des Atems hilft uns, in der Gegenwart zu sein. Im Ein- und Ausatmen können wir auch unsere Verspannungen loslassen.
Machen Sie sich dabei auch die Gegenwart Gottes bewusst. Gott ist jetzt, heute, hier in Ihrem Leben. Er wird Ihnen heute alle Kraft geben, die Sie brauchen. Er hat Sie berufen. Er ist jetzt in Ihrem Leben. Er hilft Ihnen. Er gibt Ihnen seine Gnade, seinen Frieden.

Sie können auch beten:

„ Lieber Gott, ich erkenne jetzt deine Gegenwart in meinem Leben. Vater, bitte schenke mir jetzt deine Gnade – unverdientes, nicht zu verdienendes Wohlwollen. Schenke mir jetzt deinen Frieden. Vater, fülle mich jetzt mit deiner Freude, deiner Kraft, deiner Gnade. Lass mich heute unter deiner Gnade gehen, mich und alle anderen. Vater, du weißt, wie oft ich versage. Du weißt, was ich heute so dringend brauche.

Lieber Gott, führe mich heute auf deinem Weg des neuen Lebens. Ich brauche dich. Ich möchte deinen Herzschlag weitertragen. Ich möchte bewusst im Heute leben. Lieber Gott, zeig mir heute, welche Schritte ich gehen kann. Danke, dass deine Gnade immer ausreicht für mich. Amen.

EXPERIMENT 8

Mit Angst und Sorgen kreativ umgehen

*Ich darf die Angst abgeben:
Ich gebe ihr kein Sitz- und Stimmrecht.*

Während meiner gesamten Ausbildungszeit an der staatlichen Schauspielakademie war meine größte Angst: „Ich werde nie ein Engagement bekommen." Alle anderen in meinem Jahrgang waren Deutsche, hatten von Natur aus schon eine „härtere" Aussprache, waren in meinen Augen hübscher, talentierter. Also spielte ich neben dem Vollzeit-Studium an der Hochschule auch noch am Theater.
Abends bis 23 Uhr Vorstellung, am nächsten Tag wieder um 7.30 Uhr Fechtunterricht an der Akademie. So ging das fünf Jahre lang. Ich spielte, so viel mein Körper aushielt. Aus Angst.
Als ich das Studium erfolgreich beendet hatte, ging die Angst weiter. Was mache ich, wenn ich keinen Job bekomme? Wer in den ersten zwei Jahren nach seiner Ausbildung kein Engagement bekommt, ist weg vom Fenster. Als ich dann im größten deutschsprachigen Theater, am Wiener Burgtheater, genommen wurde, hat mich das nicht beruhigt. Im Gegenteil: „Hier werde ich nicht lange bleiben. Ich schaffe es nicht, jeden Abend zweitausend Leute zu begeistern. Das kriege ich maximal ein Jahr hin." So ging es Jahr um Jahr – zehn Jahre lang. Ständig wartete ich auf die Kün-

digung, die nie kam. Am meisten Kraft kosteten mich die ewigen Sorgen, die Zweifel, die unsagbare Angst, auf der Straße zu stehen. Meine Erfolge am Theater, die Bombenkritiken, die Preise, all das konnte ich weder richtig wahrnehmen noch genießen. In meinen Augen befand ich mich ja ständig auf dem Schleudersitz. Meine Ängste waren unbegründet. Aber das Schlimme war: Es spielte keine Rolle! Wir können uns unser Leben lang Sorgen um etwas machen, das nie eintrifft! Dabei ist es unerheblich, ob unsere Angst begründet ist! Das liegt an der Amygdala. Sie ist an der Furchtkonditionierung beteiligt und spielt eine wichtige Rolle bei der emotionalen Bewertung und Wiedererkennung von Situationen sowie der Analyse möglicher Gefahren.

Dabei ist es so, dass die meisten Gefahren, die wir jahrelang fürchten, nie eintreten! Wer stets oder häufig das Negative erwartet, sollte sich öfter vor Augen halten: 87 Prozent aller Ängste und Sorgen, die sich der Durchschnittsmensch im Lauf seines Lebens macht, sind unbegründet. Elementarerlebnisse wie Jobverlust, Trennung oder Tod eines nahen Angehörigen erleben wir vielleicht vier- bis fünfmal im Leben! Viermal in einer durchschnittlichen Lebenszeit von 84 Jahren! Den Rest der Zeit „bereiten" wir uns durch unsere Ängste auf so ein eher seltenes Elementarereignis vor. Dabei übersehen wir die vielen kleinen, schönen Augenblicke, die es zu genießen gibt.

Wenn wir unser Gedankenkarussell nicht lenken und leiten, kann es uns, ohne dass wir tatsächlich in Gefahr wären, umbringen. Fachleute nennen das „toxic brain". Wir vergiften buchstäblich unser Gehirn mit unseren eigenen Gedanken. Wenn ein Mensch stirbt, der keinerlei organisches Leiden hat, nennen das Mediziner den somatischen Tod. Er ist durch seine Gedanken gestorben. Dabei wird oft das Beispiel des Mannes zitiert, der im Kühlhaus erfror, obwohl es ausgeschaltet war.

Während unserer Grübelei halten wir uns für klug, aufgeklärt und rational. Die große Frage „Was, wenn …?" wartet jeden Morgen auf uns. Es sind zutiefst menschliche Ängste. In christlichen Kreisen tut man oft so, als hätte man sie nicht. Da wird am Sonntag das fromme Mäntelchen angezogen und „Preis den Herrn" gerufen. Doch während der Woche bringt uns die Angst schier um unseren Frieden.

Jesus sagt: „In der Welt habt ihr Angst; aber seid getrost, ich habe die Welt überwunden" (Johannes 16,33; LUT). Jesus wies uns darauf hin, dass wir Angst haben werden. Wer das Gegenteil behauptet, belügt sich selbst. Es geht also nicht darum, keine Angst mehr zu haben. Mit allem, was mich bewegt, darf ich zu Jesus kommen, ja, soll ich zu Jesus kommen. Gott bin ich dabei nicht lästig. Er hat immer Zeit für mich. In Psalm 103,8 heißt es: „Barmherzig und gnädig ist der Herr, geduldig und voll großer Gnade" (NLB).

Ich darf Ihm mein Innerstes öffnen – auch den Ort, wo die Angst sitzt. Ich darf sie an Gott abgeben, denn ich will sie nicht behalten, nicht festhalten. Ich gebe ihr kein Sitz- und Stimmrecht. Ich darf die Angst hinausatmen, loslassen – Stück für Stück. Jesus nimmt sie auf sich, nimmt sie mir ab. Er hat die Angst der Welt getragen.

Bei Gott muss ich nicht in Bedrängnis bleiben – ich darf aufatmen. Ich darf mich in die Hände meines Erlösers fallen lassen. Wie geht das?

Bei Gott muss ich nicht in Bedrängnis bleiben – ich darf aufatmen. Ich darf mich in die Hände meines Erlösers fallen lassen.

Zuallererst müssen wir uns eingestehen, worum sich unsere Gedanken drehen. Nur wenn wir innehalten, merken wir unsere inneren Monologe. Wir führen den ganzen Tag fortwährend Selbstgespräche, die massive Auswirkungen auf unser Leben haben. Es gibt dazu mehrere entlarvende Experimente der Gehirnforschung, zum Beispiel folgendes: Den Probanden wurden Sätze vorgelegt, die sie vollenden mussten und die Wörter wie „Altersheim", „krank", „Schmerz", „Gehstock" etc. enthielten. Dann mussten sie für ein weiteres Experiment in einen anderen Raum am Ende des Ganges. Was die Probanden nicht wussten: In Wirklichkeit maß man lediglich, wie lange sie brauchten, um die fünf Meter den Gang hinunterzugehen. Am nächsten Tag dasselbe Experiment, nur andere Wörter, neutralere Sätze. Sie ahnen es schon: Die Probanden hatten ein wesentlich langsameres Tempo, wenn sie vorher Sätze mit „alt", „krank" etc. kreieren mussten. Das Ganze nennt man heute den „Florida-Effekt" (weil im Bundesstaat Florida die meisten Rentner wohnen).

Wir glauben, wir sind nicht manipulierbar – doch schon fünf bis zehn Sätze unserer Gedanken prägen unser Verhalten. Wie viele Sätze denken wir pro Minute?

Ich halte hier keineswegs ein Plädoyer für positives Denken, aber sehr wohl dafür, sich die eigenen Gedankengänge bewusst zu machen. Bevor wir irgendetwas an unseren Gedanken ändern können, gilt es, sich diese bewusst zu machen. Und zwar am besten schonungslos.

Gedanken sind so subtil, dass die meisten Leute behaupten, sie würden nicht an Pizza denken, nachdem sie in der Werbung eine Pizza gesehen haben, obwohl das bewiesen ist. Wenn wir schon nicht zugeben, dass wir an Pizza denken, wie viel mehr bei Tabugedanken wie Ängsten und Sorgen? Wenn Sie Ihre Angst jetzt spüren, dann dürfen Sie mit Gott darüber sprechen. Nicht verdrängen, nicht so tun, als wäre sie nicht da, nicht schöner denken, als sie ist. Sie können sie jetzt genau so zu Gott bringen.

Beten Sie: „Lieber Gott, nimm mir meine Angst. Lass mich nicht auf mein Problem sehen. Lass mich auf dich sehen. Lass mich diese Sache in deine Hand legen. Kämpfe du für mich. Lass mich an deiner Brust ruhen. Gib mir deinen Frieden."

Stellen Sie sich vor, wie Sie alles, was Sie belastet, buchstäblich an ihn abgeben. Alles, was auf Ihren Schultern lastet, nehmen Sie und geben es in die Hand Gottes.

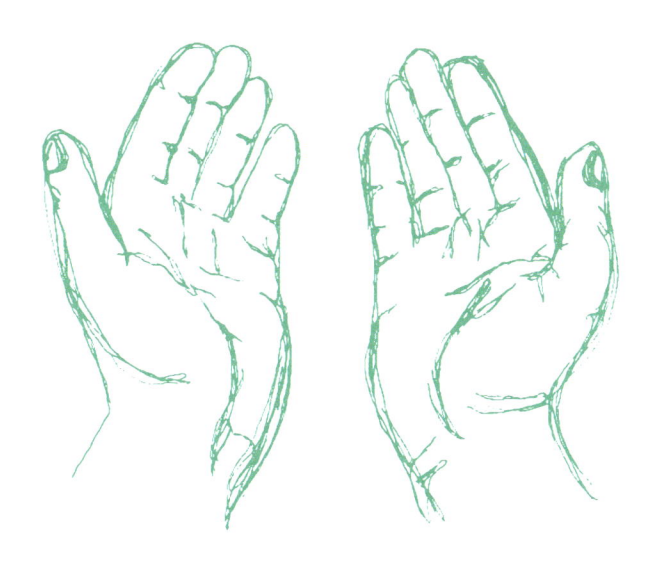

Wenn Sie das nächste Mal die Angst überfällt,
sagen Sie:
„Gott ist hier an diesem Ort.
Gott ist hier an diesem Ort.
Gott ist hier an diesem Ort."

Schon unsere Vorväter wussten, welche Bedeutung das Wiederholen eines Schlüsselsatzes haben kann. Heute kann die Gehirnforschung belegen, welche Wirkung solche immerwährenden Wiederholungen haben. Sowohl negativ als auch positiv. Ich kann durch den Tag laufen und mir immer wieder sagen: „Ich bin spät dran", „Ich muss mich beeilen", „Ich bin schon wieder so ein …". Ein Lieblingssatz von mir, wenn ich etwas nicht schaffe, ist: „Ich bin schon wieder so ein Trottel, weil …" Es wirkt Wunder, wenn wir solche zerstörerischen Lieblingssätze mit hilfreichen Alternativen ersetzen. Wenn Sie zum Beispiel denken: „Alle sind gegen mich, immer muss ich kämpfen", können Sie diesen Satz ersetzen mit: „Gott ist auf meiner Seite – ich muss ihn nicht erst umstimmen." Denn das ist die Wahrheit! In Zefanja 3,17 heißt es: „Er hat Freude an dir, er droht dir nicht mehr, denn er liebt dich; er jubelt laut, wenn er dich sieht" (GNB).

Welchen Satz möchten Sie heute ersetzen? Wie lautet Ihr neuer Satz?

_____

_____

Öffnen Sie Ihre Gedanken für die Stimme, die sagt: „Lass mich dir zeigen, wie ich unter meinen Menschen lebe. Ich bin ‚Gott mit dir'."
Versuchen Sie, ohne „Hätte ich doch ..." oder „Ich sollte...", „Ich müsste ...", „Was, wenn ..." zu leben. Was wünschen Sie sich stattdessen?

_____

_____

Ich wünsche mir, dass ich den Gott höre, der im Hier und Jetzt ist. Dass ich seine Stimme der Liebe höre. Jetzt, in diesem Moment. Nicht erst, wenn ich perfekt bin (was ich in dieser Welt sowieso nie sein werde).
Und wenn Schwierigkeiten kommen? Es ist alleine unsere Entscheidung, wie wir auf Umstände reagieren. Nur wir entscheiden, worauf wir schauen. Niemand kann uns zwingen, auf eine bestimmte Weise zu reagieren. Aber selbst wenn wir versagen, selbst wenn die Angst kommt, versteht uns Gott.

REIZ

REAKTION

FREIHEIT
ZU WÄHLEN

REAKTION

Nun zum Experiment, das ich als lebensverändernd erlebt habe. Ich nenne es „Schritte zu einem ausgeglichenen Leben":

1. Schreiben Sie morgens Ihre Gedanken auf!
Schreiben Sie jeden Morgen Ihre Gedanken auf, aber versuchen Sie vorerst noch nicht, sie zu ändern. Im Gegenteil. Schreiben Sie nur genau auf, wie Ihre Gefühle sind: Was, wann, wer, wieso ... Worum drehen sich Ihre Gedanken? Versuchen Sie einmal sieben Tage lang, sie morgens ganz ehrlich aufzuschreiben. Sie werden erstaunt sein, wie sich die alte Schallplatte der Sorgen und Ängste fortwährend wiederholt. Diese Morgenseiten sind entlarvend. Sie sollten sie wirklich ohne Zensur schreiben und vor allem mit aller Banalität des Lebens: „Heute hab ich mir schon wieder nicht die Haare gewaschen, ich sollte sie mir mal waschen. Das Bad müsste auch mal wieder geputzt werden ... Aber ich habe einfach keine Zeit." Wir erkennen dabei: Anstatt

etwas zu tun, können wir uns endlos Sorgen darüber machen!

2. Ersetzen Sie die Lüge durch Wahrheit!

Nachdem Sie Ihr Selbstgespräch aufgeschrieben haben, versuchen Sie, die Wahrheit herauszufinden und diese neben die Lüge zu schreiben.

Fragen Sie sich zum Beispiel: Kann ich irgendetwas konkret tun, anstatt mir endlos Sorgen darüber zu machen? Nein? Dann kann ich die Sorgen auch direkt an Gott abgeben.

Finden Sie heraus, welche Gedanken Sie in Spannung versetzen, und ersetzen Sie diese dann bewusst durch entspannende Gedanken – durch die Wahrheit. Oder besser noch durch eine aktive Handlung, um die Spannung der „ungewaschenen Haare" zu beseitigen.

3. Setzen Sie sich klare, konkrete Ziele!

Es genügt nicht, zu sagen: „Ich werde keine Angst mehr haben." Sondern: „Ich werde den Irrglauben aufspüren und durch die Wahrheit ersetzen." Ganz wichtig ist, dass diese Ziele aktiv und positiv formuliert sind.

Halten Sie Ihre Ziele hier fest:

_____

_____

Geben Sie Ihrer Angst und Grübelei kein Sitz- und Stimmrecht. Anstatt sich Sorgen zu machen, tun Sie etwas!

EXPERIMENT 9

Handeln statt Grübeln!

*Statt zu grübeln, können wir
den nächstmöglichen Schritt finden.*

Wir Deutschsprachigen schotten uns gerne ab, ziehen uns zurück. Wir können uns dann endlos den Kopf darüber zerbrechen, wie es weitergehen soll. Kritik zieht uns zu Boden, statt dass wir sagen: „Ja, das stimmt, das kann ich ändern!" Unsere Angst kann uns dazu verführen, ins Grübeln zu verfallen, zu theoretisieren, uns Sackgassen auszumalen. Die meisten Akademiker wissen, wie man eine Arbeit kritisch auseinandernimmt, aber nicht, wie man sie besser zusammensetzt. Anstatt irgendetwas Konkretes zu tun, ziehen wir die Angst vor! Das kann zu einer regelrechten Angstsucht werden. Denn dann müssen wir immerhin nichts tun!

Die entscheidende Schlüsselfrage an uns ist: Was ist der nächstmögliche Schritt? Diesen Schritt dann tatsächlich zu tun, ohne uns durch unsere Sorgen bremsen zu lassen – das ist das Geheimnis. Kleine Taten führen zu Größerem.

Was ist der nächstmögliche Schritt?

Führen Sie jeden Tag eine kleine Handlung durch, ohne sich in dem „großen Möglichen" zu verlieren. Der Schlüssel liegt im Handeln, nicht im Grübeln. Ganz wichtig: Vertrauen Sie dabei auf die stille, kleine Stimme, die sagt: „Das könnte funktionieren. Ich werde es versuchen."

Wichtig ist, die kleine Handlung wertzuschätzen. Wir können nur etwas lernen, wenn wir vom Bekannten zum Unbekannten durchdringen. Dabei tauchen unweigerlich Angstgefühle auf. Und tatsächlich kann auch etwas schiefgehen – und das ist erlaubt! Wichtig ist, dass das Scheitern, der Verlust, tatsächlich Gewinn bringt. Dass er uns dient. Dass wir etwas daraus lernen. Sonst war er wirklich umsonst.

Um sich diese Haltung selbstverständlich, ja, brutal kompromisslos anzueignen, fragen Sie sich bei einem Rückschlag: „Wie kann mir dieser Verlust dienen? Welche Bedeutung hat er für mich und mein Leben?" Die Antworten werden Sie überraschen. Der Trick besteht darin, den Schmerz in Energie umzuwandeln.

Der Filmregisseur John Cassavetes meinte einmal: „Hör auf, dich über die schlechten Bälle zu beklagen, die jemand dir zuwirft. Strecke dich aus und greife nach den Bällen, die du wirklich willst."

Ein ganz banales, ja fast peinliches Alltagsbeispiel: Ich werde angefragt, zu meiner Biografie ein Interview im Schweizer Radio zu geben. Da ich mich sowieso auf dem Weg zu einer Vorstellung in die Schweiz befinde, muss ich lediglich einen Umweg von 200 km über Zürich nehmen. Eine Übernachtung kommt allerdings auch dazu.

Als wir alles koordiniert haben, teilt mir das Schweizer Radio mit, es würde keine Fahrt- und Übernachtungskosten übernehmen. Da habe ich aber alles schon geplant und gebucht. Mir bleibt also nichts anderes übrig, als auf meine Kosten den Termin wahrzunehmen. Mein Mann, Eric Wehrlin, hat drei Jahre vorher für denselben Sender ein TV-Interview gegeben, bei dem die Anfahrt aus Salzburg und das Hotel bezahlt wurden. Ich habe also angenommen, das würde auch bei mir der Fall sein. Statt nur zu klagen und mich aufzuregen, nutze ich jedoch die Energie meiner Enttäuschung, um mir den nächstmöglichen Schritt zu überlegen. Nachdem ich das Radiointerview gemacht habe und der Sender hellauf begeistert ist, schreibe ich dem TV-Moderator des Schweizer

Senders. Ich schicke ihm einen Ausschnitt aus meinem Hörbuch und biete ihm ein TV-Interview an. Das Anbot wird begeistert aufgenommen. So wird aus einem vermasselten Radiointerview ein wertvoller TV-Beitrag. Den Moderator hätte ich ohne meine Enttäuschung nie kontaktiert! Sie ist der Katalysator, etwas Besseres aus dem Schlechten zu machen, das zuvor gewesen ist. Der Schlüssel ist, in der Enttäuschung „Wie dann?" zu fragen statt „Warum gerade ich?".

Der Schlüssel ist, in der Enttäuschung „Wie dann?" zu fragen statt „Warum gerade ich?".

Wenn wir von einem Misserfolg getroffen werden, ist es das Elementarste, die richtige Frage zu stellen: „Was kommt als Nächstes?", und nicht: „Warum?" Immer, wenn ich diese Frage gestellt habe, habe ich mich nach vorne bewegt. Es geht darum, sich selbst neue Wahlmöglichkeiten zu schaffen – anstatt sich zu erlauben, blockiert zu sein, nichts zu tun und zu grübeln. Suchen Sie eine andere Tür. Vielfach hat Gott schon längst eine geöffnet, aber Sie haben sie bislang nicht gesehen, weil Sie zu sehr damit beschäftigt waren, sich über die geschlossene zu ärgern.

Schmerz, der nicht gewinnbringend genutzt wird, verfestigt sich. Am Ende haben wir ein bleiernes Herz, das jedes weitere Handeln erschwert. Wenn wir mit Misserfolg konfrontiert werden, sollten wir etwas tun, uns innerlich in Bewegung setzen.

Als die Verantwortlichen einer großen christlichen Veranstaltungsreihe uns offenbarten, sie würden in der Liveübertragung keine Theaterszenen und Sketche mehr bringen, sondern nur noch Interviews, verloren wir über Nacht eine unserer lohnenswertesten Aufgaben. Nicht finanziell, aber ideell. Und damit auch ein Millionen-Publikum, dem wir diese Art von Szenen nahebringen konnten. Der Schmerz saß tief, und ich habe sicher ein Jahr lang mit Grübeln verbracht, wie so eine Entscheidung zustande kommen konnte. Endlich aber bewegten wir uns vom Schmerz weg und starteten einen neuen YouTube-Kanal, auf dem man alle unsere Szenen und auch Trailer sowie Ausschnitte aus Theaterstücken jederzeit anklicken kann. Eine Sendung erhielt 24 000 Klicks. Hätten wir die andere Plattform noch gehabt, wären wir nie auf die Idee gekommen, solch ein arbeitsintensives, kostenloses Projekt auf die Beine zu stellen. Ich habe vielfach erlebt: Wenn wir uns auf den Prozess einlassen, behält unser Leben ein Gefühl von Abenteuer. Wenn wir uns dagegen auf ein Ergebnis konzentrieren, kann es schnell mühsam werden. Anstatt uns eine innere Reise zu erlauben, fokussieren wir uns auf die Länge der Reise und ermüden. Wichtig ist es, den nächsten kleinen Schritt zu machen, anstatt in einen großen hineinzuspringen, zu dem wir noch gar nicht bereit sind.

Wenn Sie mit Misserfolg konfrontiert sind, setzen Sie sich in Bewegung. Das kann etwas sehr Kleines sein, wie den Schreibtisch aufzuräumen. Es steht Ihnen immer offen, zumindest einen Schritt zu tun.

Die Angst vor Aktivität führt uns dazu, in den großen theoretischen Fragen zu verharren. „Wie können die Verantwortlichen die Szenen streichen, wenn doch das Publikum diese am besten bewertet hat? Wie können die Zuschauerzahlen von 1,2 Millionen auf 46 000 fallen und die Programmleitung nicht merken, dass vielleicht eine Fehlentscheidung getroffen wurde?"

Hier gibt es zwei Gefahren: endlos zu grübeln und innerlich zu blockieren. Wir tun dann letztlich gar nichts, weil wir denken, wir müssten alles auf einen Schlag ändern. Ich kenne Männer, die nicht einmal an Heirat denken, obwohl sie jahrelang eine Beziehung haben. Sie glauben, es würde sich dann zu viel auf einmal ändern.

Als Faustregel gilt das Eingeständnis, dass es immer eine Handlung gibt, die uns zur Aktion bringen kann. Aber in Wirklichkeit haben wir oft Angst vor Aktivität und wollen gar nichts tun. Auch Christen können das wunderbar geistlich bemänteln, indem sie sagen: „Ich warte auf den Herrn, ich bete noch darüber, ich warte auf grünes Licht von oben, ich muss noch inneren Frieden bekommen ..."

Eine andere Lieblingsblockierung von uns ist es, uns in den großen Fragen zu verlieren. Wir wollen wissen: „Was soll das Ganze?", und nicht: „Was kommt als Nächstes?" Darin zeigt sich unsere Sucht nach Angst, die wir der Kreativität vorziehen. Sobald wir uns dem einmal stellen, ist das Spiel vorbei. Beobachten Sie sich nächste Woche einmal, auf welche Weise Sie auf Angstgedanken reagieren. Es gibt eine gesunde Art der Ruhelosigkeit, wenn wir den Schmerz in eine neue Tat münden lassen. Tun wir das nicht, kultivieren wir ein bleiernes Herz, das jedes Handeln erschwert.

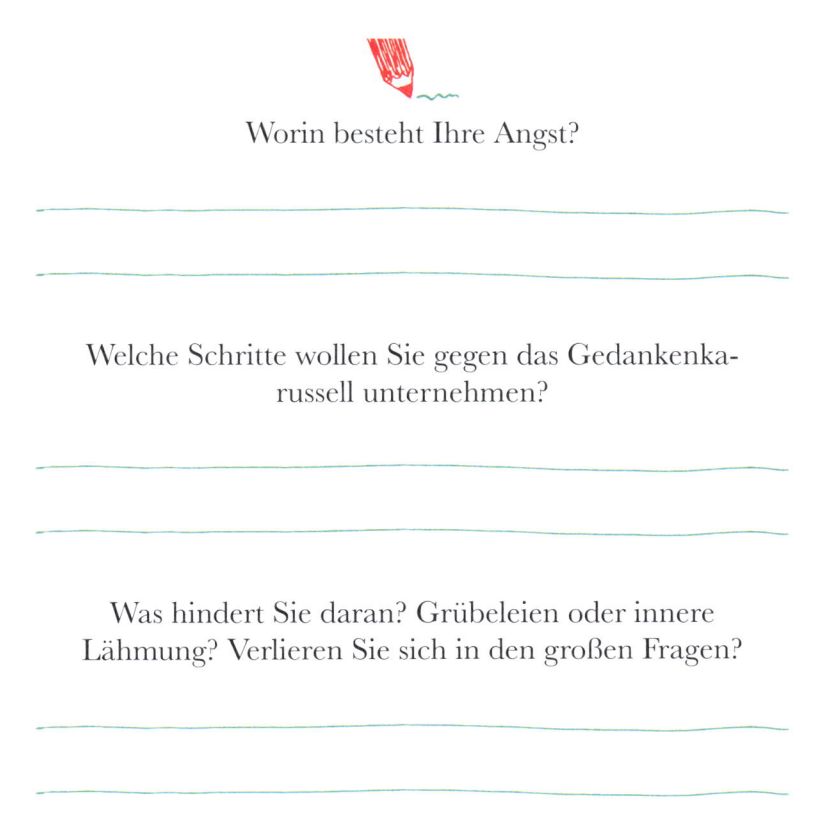

Worin besteht Ihre Angst?

_____

_____

Welche Schritte wollen Sie gegen das Gedankenkarussell unternehmen?

_____

_____

Was hindert Sie daran? Grübeleien oder innere Lähmung? Verlieren Sie sich in den großen Fragen?

_____

_____

Wenn Sie vor einem Projekt Angst haben – was ist der nächstliegende Schritt? Schreiben Sie diesen Schritt auf:

_____

_____

Gottes Ziel ist es, dass Sie Ihr Leben so leben, dass es Ihnen dabei gut geht, dass Sie Freude daran haben. Das gilt auch für Ihre Arbeit, denn die ist in der Regel ein wesentlicher Teil Ihres Lebens! Sie sind zufrieden mit dem, was Sie tun. Sie gönnen sich zwischendurch immer wieder eine Pause. Sie machen dabei eins nach dem anderen und nicht alles gleichzeitig.

Ich möchte Ihnen ein paar neue Impulse für Ihre Arbeit, Ihr aktuelles Projekt ans Herz legen. Wählen Sie die Punkte aus, die Ihnen für Ihre momentane Situation am hilfreichsten erscheinen.

- Nehmen Sie sich und Ihre Arbeit nicht allzu ernst (im verkrampften Sinne). Die Welt liegt nicht auf Ihren, sondern auf Gottes Schultern. Er hat einen Plan für Ihre Arbeit und kennt das beste Arbeitstempo. Sein Tempo ist das richtige für Sie.
- Haben Sie eine gute Einstellung zu Ihrer Arbeit – sie ist nicht zu schwer. Jesus sagt: „Meine Last ist leicht" (Matthäus 11,30; ELB).
  Entschließen Sie sich, Ihre Arbeit zu lieben. Auf diese Weise verliert sie den Charakter der Sklaverei und wird zur Freude. Gott hat Ihnen diese Aufgabe geschenkt. Sie können sie aus ganzem Herzen tun (Prediger 9,10; Kolosser 3,23).
- Denken Sie an Ihren „unsichtbaren Partner" und vertrauen Sie auf ihn. Christus wirkt in Ihnen mit seiner

Kraft alles das, was er durch Sie hier auf Erden tun möchte. Er ist in Ihnen, er wirkt in Ihnen. Sie müssen ihn nicht erst „herbeiholen", sondern nur zulassen, dass er in Ihnen wirken kann (Philipper 4,13).

Ich bitte ihn zum Beispiel jeden Tag: „Jesus, bewirke du in mir deine Werke, die du schon fertig gemacht hast. Der Geist, der Jesus von den Toten auferweckt hat, ist auch in mir. Bitte erfülle mich mit diesem Geist der Kraft, der Liebe, der Besonnenheit. Lass mich heute in deiner Kraft, in deinem Geist leben. Lass mich heute die Kraft des Auferstandenen in mir erleben."

- Machen Sie sich klar, wo Sie hinwollen, machen Sie einen Plan und gehen Sie dann los. Danach geht es Schritt für Schritt weiter – immer nur einen Tag auf einmal. Legen Sie kleine Teilziele fest, und feiern Sie, wenn diese erreicht sind. Sie dürfen sich auch für kleine Erfolge belohnen.
- Hüten Sie sich davor, alles auf einmal erledigen zu wollen. „Alles hat seine Zeit." Lassen Sie sich nicht hetzen. Selbst im Angesicht der großen Menschenmenge hat Jesus sich nie hetzen lassen. Er hat sich zuerst einmal zum Gebet zurückgezogen – wohlgemerkt: nicht zum Grübeln!
- Machen Sie sich bewusst, dass Sie über Ihrer Arbeit, nicht unter ihr stehen. Sie wissen um Ihre Fähigkeiten und Kenntnisse.
- Was Sie heute ohne zu hetzen tun können, das verschieben Sie nicht auf morgen. Durch das Aufschieben wird eine Aufgabe nicht leichter, sondern schwerer! Je länger Sie sie aufschieben, desto größer wird die Hürde!
- Unterbrechen Sie während des Tages Ihre Arbeit ganz bewusst, um sich in Gott zu entspannen und seine Ruhe zu bekommen. „Du gibst Frieden dem, der seine Sache auf dich baut" (frei nach Jesaja 26,3). Sie sind in Gottes Hand und erhalten jetzt alle Kraft, die Sie heute brauchen.

Nun nehmen Sie sich täglich einen der Vorschläge von weiter unten zu Herzen. Sagen Sie sich zum Beispiel morgens beim Aufstehen: „Ich bin in Gottes Hand. Meine Arbeit ist von Gott."

Sie werden sehen, wie sich Ihre Einstellung verändert, wie sich Ihre Motivation dadurch erneuert. Dieses „Mentaltraining", das sich auf Philipper 4,8 gründet, gehört zum Überlebenstraining für jeden Christen, der Freude entdecken möchte.

- Wenn Ihnen die Arbeit über den Kopf wächst, schulen Sie Ihre Wahrnehmung. Reagieren Sie auf erste körperliche Stresssignale. Entspannung ist ein aktiver Vorgang, kein passiver! Sie müssen handeln.

Üben Sie Achtsamkeit im Alltag, beim Gehen, Stehen, Essen, Arbeiten, Reden, Zuhören. Verankern Sie Ihr Bewusstsein immer wieder im Atem. Denken Sie bei Terminplanungen immer wieder daran, dass Sie nur dieses eine Leben haben.

Achten Sie auf die Zusammenhänge zwischen bestimmten Tätigkeiten oder Ereignissen und bestimmten körperlichen Symptomen. Beobachten Sie intensiv, was Ihnen guttut, sei es körperliche Bewegung, ruhiges Musikhören, ein warmes Bad oder die Nähe bestimmter Menschen, und greifen Sie in Stresszeiten bewusst darauf zurück. Achten Sie auf Ihren persönlichen Rhythmus im Wechsel zwischen Anspannung und Entspannung. Machen Sie Pausen zur richtigen Zeit. Öffnen Sie sich für Nähe, Zärtlichkeit und Wärme in Ihrem Leben.

- Planen Sie einen idealen Tag. Schreiben Sie ihn auf. Und dann nehmen Sie ein Detail aus diesem idealen Tag und tun es!

EXPERIMENT 10

Ärger, sei willkommen — was willst du mir sagen?

*Wir können den Ärger nutzen
und das Gefühl der Kompetenz wiedergewinnen.*

Wut ist wertvoller Brennstoff zum Handeln. Wir fühlen Ärger und möchten etwas tun. Die unmittelbare Reaktion ist vielleicht destruktiv. Wir möchten mit der Faust auf den Tisch schlagen, jemandem eine runterhauen oder einen Wutanfall bekommen. Aber da wir nette Menschen und gute Christen sind, fressen wir unseren Zorn in uns hinein, verleugnen ihn, dämpfen ihn. Wir betäuben ihn mit Essen, Trinken, TV, Zerstreuung, nur um ihn ja nicht wahrnehmen zu müssen.

Doch bei Wut geht es darum, dass man ihr zuhört. Wut zeigt uns, wo unsere Grenzen sind. Wut zeigt uns die Richtungsänderung an. Ohne Wut trauen wir uns gewisse Schritte überhaupt nicht zu.

Für unsere Seminare stellen wir mit größter Sorgfalt und viel Energie unsere Seminarunterlagen zusammen. Manchmal kommt es vor, dass jemand diese Unterlagen für seine eigenen Seminare „übernimmt". „Was? Sie verwendet einfach meine Seminarunterlagen und schreibt ihr Copyright darunter?" Zunächst ärgere ich mich maßlos über die Frau. Doch wenn ich der Wut zuhöre, sagt sie mir: „Es wird Zeit, dass du deine eigenen Ideen so ernst nimmst, dass du auch deinen Namen daruntersetzt."

Solange man Ärger nicht verdrängt, kann man noch menschlich damit umgehen. Dann ist er sogar hilfreich, da er uns zu einer Tat auffordert. Wenn wir den Ärger jedoch nicht ausdrücken, legt er sich bleiern um unser Herz, und letztlich macht sich die Angst vor dem Versagen breit. Wut reißt uns aus der Trägheit und Apathie heraus. Sie ist die Aufforderung zum Handeln!

Wut reißt uns aus der Trägheit und Apathie heraus. Sie ist die Aufforderung zum Handeln!

Als Jesus den Geldhandel im heiligen Tempel sah, wurde er sehr zornig (Lukas 19,45-46). Er stieß die Tische um. Er schmiss alles Geld auf den Boden. Er trieb die Händler schreiend hinaus. Ja, es gibt ihn tatsächlich, den heiligen Zorn, die Wut gegen Ungerechtigkeit, die uns zum Handeln treibt.

Erst die Wut nach meiner Enterbung hilft mir, endlich Abstand von meiner Familie zu finden, endlich die Grenzen zu setzen, die ich schon viel früher hätte setzen sollen. Die Wahrheit kommt mir dabei unangenehm entgegen. Ich erkenne, dass ich eine Entscheidung fällen muss, vor der ich eigentlich lieber davonlaufen möchte. Ich will verdrängen. Und doch muss ich mich dieser Wahrheit stellen. Die Wahrheit, der ich mich irgendwann stellen muss, ist, dass mich meine Mutter und mein Bruder nicht mehr in ihrer Familie haben wollen. Lange Zeit habe ich dies geleugnet. Doch es ist die Wahrheit. Und meine Antwort darauf ist, dass es für mich nun an der Zeit ist, meine Familie zu verlassen. Meine Mutter und mein Bruder verständigen mich nicht, als mein Vater bereits im Sterben liegt. Die Nachricht von seinem Tod bekomme ich per E-Mail. Zur Einäscherung im engsten Familienkreis bin ich nicht eingeladen. Ich brauche drei Tage, um diese brutale Realität zu begreifen. Zum ersten Mal packt mich wilde Wut. Am liebsten würde ich meine Mutter an den Schultern packen, sie durchschütteln und ihr begreiflich machen: „Verstehst du denn nicht? Wir brauchen uns als Familie!"

Beim „Leichenschmaus" nach dem Begräbnis bin ich mit dabei, obwohl ich nicht eingeladen wurde. Nervös löse ich mich im Restaurant von meinem Stuhl, erhebe mich ruhig und klopfe an mein Glas. Mit meinem Aufstehen will ich an dieser Beerdigung ein Zeichen des Widerspruchs setzen. In den letzten Jahren habe ich gelernt, meine Grenzen zu verteidigen und mich zu behaupten. Obwohl ich enterbt worden bin, möchte ich meinen Platz am Grab meines Vaters einnehmen. Ich entscheide mich für den Konflikt. Nämlich die Wahrheit auszusprechen – und zu gehen.

Obwohl ich glaube, dass ich es nicht schaffe, höre ich mich sagen: „Ich möchte mich bei all denen bedanken, die gekommen sind, um von meinem Vater Abschied zu nehmen. Ich hatte, Gott sei Dank, das Privileg, mich versöhnt von ihm zu verabschieden. Ich war sehr traurig, dass ich nicht angerufen wurde, als mein Vater im Sterben lag. Ich war bestürzt, dass ich nicht erfahren konnte, wann die Einäscherung war. Aus diesen Grunde möchte ich mich hiermit von meiner Familie in aller Form verabschieden."

Wut kann die absolut richtige Reaktion auf etwas Falsches sein. Wenn wir sie verdrängen, kommt sie an anderer Stelle wieder als Monster hervor. Bevor wir uns aussöhnen können, müssen wir es zulassen, Wut zu empfinden. Wut kann etwas sehr Positives sein oder etwas sehr Katastrophales. Es gibt die destruktive Wut und die konstruktive Wut. In der destruktiven Wut könnte ich zum Haus meines Bruders gehen und seinen teuren Mercedes zerstören. Doch in einer konstruktiven Wut kann ich aufstehen und „Nein" sagen, meine Position vertreten und Grenzen setzen.

Vergebung heißt, dass ich nicht voraussetze, dass der andere seine Schuld einsieht. Deshalb heißt Aussöhnung auch, die Hoffnung auf eine bessere Vergangenheit, auf eine wiederhergestellte Beziehung aufzugeben. Wir können Gott den Scherbenhaufen unserer Familiengeschichte überlassen. Wir können auch den Wunsch loslassen, jemals wieder die Scherben zu einem Ganzen zusammenfügen zu können. Wenn wir ein solches Zeichen des Widerstandes setzen, den Ärger in eine Handlung münden lassen, ernten wir zwangsläufig Kritik. Da fällt es oft schwer, sinnvolle Kritik von destruktiver zu unterscheiden. Nutzlose Kritik lässt uns beschämt zurück. Es gibt nichts, was man daraus lernen könnte. Auf die Worte: „Es wäre besser, du wärest nie geboren!", gibt es keine angemessene Antwort. Die Kritik, die schadet, ist diejenige, die herabsetzt, zurückweist, lächerlich macht. Sie ist boshaft, vage und schwer zu widerlegen. Sie kann unsere Seele zerstören. Bedeutet das, man sollte besser gar keine Kritik zulassen? Nein, aber es bedeutet zu lernen, wo, wann und von wem wir Kritik annehmen. Nicht nur die Person, auch das Timing ist hier wichtig.

Wenn ich gerade zwei Stunden auf der Bühne gespielt habe, mir die Seele aus dem Leib gespielt habe, um den Schmerz des kleinen Oskar nachzuempfinden, der mit seinen Eltern keinen Frieden finden kann, dann ist es schwierig, beim Abgang von der Bühne eine banale Kritik zu ertragen. Ich habe gerade alles, was ich an Kraft, Können, Energie und Emotionen hatte, dem Publikum geschenkt, da kommt ein Arzt auf mich zu und sagt: „Sie haben ein Wort aus dem Französischen falsch übersetzt, es muss Knochenmarktransplantation und nicht Rückenmarktransplantation heißen." Das ist nicht der richtige Zeitpunkt, um mich mit einer solchen Rückmeldung auseinanderzusetzen.

Pointierte Kritik jedoch verschafft uns, wenn sie angemessen ist, oft sogar ein positives Aha-Erlebnis: „Ah, das mache ich also verkehrt!" Sinnvolle Kritik gibt uns ein weiteres kleines, fehlendes Puzzlestück zum großen Ganzen.

Das Heilmittel für Scham ist Selbstliebe und, ja, auch das oft etwas verpönte Selbstlob. Max Lucado schreibt: „Gott weiß alles über dich. Aber er hält seine Freundlichkeit dir gegenüber nicht zurück. Warum also bist du nicht nett zu dir selbst?" Gerade in Zeiten des Ärgers, der Wut, der Kritik, der Enttäuschung fällt es uns sehr schwer, noch freundlich mit uns selbst zu sein. Am liebsten würden wir uns im Stich lassen. „So, jetzt sieh mal alleine zu, wie du damit fertig wirst! Ich hau ab!" Und dann verlassen wir uns und betäuben uns mit Schokolade, TV, Zucker, Videospielen oder was immer wir als „Lieblings-Betäubungssucht" haben. Gerade in diesen Zeiten, in denen wir uns selbst nicht ausstehen können, müssen wir lernen, für uns zu sorgen.

Was macht mich wütend?

_____

_____

Warum?

_____

_____

Wie kann ich die Wut als Brennstoff nutzen, um dort zu handeln, wo meine Wut mich hinführt?

_____

_____

Benennen Sie das Chaos in Ihrem Kopf. Schreiben
Sie Ihre Gedanken auf.

Überlegen Sie:
Wo steckt eigentlich Neid hinter meiner Wut?

_____

_____

Zum Beispiel können Sie auf jemanden wütend sein, der das Wort in einer Konferenz zu lange an sich reißt. Sie wollten eigentlich selbst etwas beitragen, haben sich aber nicht getraut. Im Grunde sind Sie neidisch, dass die andere Person das so leicht hingekriegt hat. Aber da wir uns den Neid nicht eingestehen können, werden wir wütend.
Zum Abschluss dieses Kapitels ein Bibelvers, der mir im Zusammenhang mit Wut schon oft geholfen hat:

99 Hebt eure Augen auf gen Himmel,
und schaut unten auf die Erde!
Denn der Himmel wird wie ein Rauch vergehen
und die Erde wie ein Kleid zerfallen,
und die darauf wohnen,
werden wie die Mücken dahinsterben.
Aber mein Heil bleibt ewiglich,
und meine Gerechtigkeit wird nicht zerbrechen.
(Jesaja 51,6; LUT)

Hören Sie auf das, was Gott zu Ihnen ganz persönlich, individuell, im Zusammenhang mit Ihrer Wut sagt:

99 Es ist nicht gut,
niedergeschlagen zu sein.
Das kommt nicht von mir.
Jedes Unrecht,
das du erleidest,
wird von mir umgewandelt,
weil du für mich so wertvoll bist
und ich dich liebe.
Wenn andere nicht so leben,
wie du es möchtest,
so ist das mein Problem,
und ich werde mich darum kümmern.
Du bist nur ein menschliches Wesen.
Ich bin Gott.

(Siehe auch Psalm 46,2-3; Psalm 40,2-3; Psalm 17,8; Apostelgeschichte 3,19.)

EXPERIMENT 11

Was würde ich tun, wenn ich es nicht perfekt machen müsste?

Fehlerfroh ans Werk!

Glückliche Menschen erlauben sich, glücklich zu sein. Sie geben sich die Erlaubnis, glücklich zu sein – auch wenn sie selbst, ihre Leistung, ihre Arbeit, ihre Umwelt, ihr Leben nicht perfekt sind. Wissenschaftler haben herausgefunden, welche Grundeigenschaften glückliche Menschen kennzeichnen: Sie sind nicht perfektionistisch.

Ganz ehrlich: Was würden Sie alles tun, wenn Sie es nicht perfekt machen müssten? Denken Sie nur an Ihren beruflichen Werdegang. Die meisten von uns haben ihren Beruf aus einer inneren Begeisterung, einer inneren Resonanz heraus gewählt. Doch dann kam die Ausbildung – in meinem Falle die Hochschule für darstellende Kunst. Dort gilt, wie in den meisten berufsbildenden Schulen, als höchstes Ziel die Perfektion. Am Max-Reinhardt-Seminar hieß es: „Sei nicht so fahrig, geh gerade, sei locker, lass nicht immer alles fallen …" Dort versuchte man zuerst einmal, die Persönlichkeit des Schülers zu brechen. Die Theorie dahinter lautete: Erst wenn die Persönlichkeit gebrochen und ausgelöscht ist, kann sein leeres Gefäß mit den Charakteren der Rollen gefüllt werden.

Ich glaube nicht an diese Theorie. Sie hat vieles in mir zerstört. Ich erinnere mich an eine Studienkollegin, die mit einer weichen, zerbrechlichen Ausstrahlung an die Schule kam. Eine interessante Persönlichkeit wäre darin zu entdecken gewesen. Sie verließ die Schule als Durchschnittsmädchen. Was ich damit meine, ist, dass sie nun perfekt funktionierte, alle Facetten draufhatte und fast alle Rollen spielen konnte. Sie war perfekt, aber ihr Spiel berührte nicht mehr. Es ging nicht mehr zu Herzen.

Gott hat uns als einzigartige Wesen geschaffen. Er möchte aus uns individuelle Persönlichkeiten formen. Ich meine damit nicht, dass wir keine Universitäten, keine Schauspielschulen besuchen sollten. Ganz im Gegenteil! Ohne eine umfangreiche Ausbildung sind wir verloren. Aber wir sollten nicht alles für das reine Evangelium nehmen. Vieles, sehr vieles, ist hilfreich und wichtig, anderes zerstörerisch und behindernd. Der Perfektionist ist nie zufrieden. Er sagt nie: „Das ist ziemlich gut, ich glaube, ich werde jetzt woanders weitermachen." Die Autorin und Kreativitätstrainerin Julia Cameron meinte: „Perfektionismus ist nicht die Suche nach dem Besten in uns. Es ist eine Beschäftigung mit dem Schlechtesten in uns. Mit dem Teil, der uns sagt, dass nichts von dem, was wir tun, je gut genug sein wird."

Perfektionismus hat nichts damit zu tun, es richtig machen zu wollen. Es ist die Weigerung, sich die Erlaubnis zu geben, vorwärtszugehen. Statt den Prozess zu genießen, bewertet der Perfektionist ständig das Ergebnis und den Mangel. Wir sind mangelorientiert. Natürlich bin ich, spätestens nach dem Eintritt ins Gymnasium, darauf gedrillt worden, perfekt zu sein. An der Hochschule gab es eine berühmte Schauspiellehrerin, die nach einer vorgespielten Tschechow-Szene zu einer Kommilitonin meinte: „Du hast keine Ahnung, um was es bei Tschechow geht. Du hast so viele Fehler gemacht. Warum verschwindest du nicht nach Hause und stirbst? (Why don't you go home and die?)" Als man die großartige Oscar-Preisträgerin Barbara Streisand fragte, warum sie 27 Jahre (!) keine Live-Auftritte gemacht hatte, antwortete sie ehrlicherweise: „Ich wusste, es würde nie so perfekt klingen wie auf meiner CD. Und wenn es nicht perfekt ist, will ich nicht auftreten."

Perfektionismus tötet die Freude an unserer Aufgabe. Perfektionismus nimmt uns jede Kreativität und Spontaneität. Perfektionismus kann dazu führen, dass wir unseren Beruf nicht mehr ausüben können. Um glücklich zu sein, legen wir Perfektionismus ab.

Was würde geschehen, wenn Sie versuchen, Perfektionismus abzulegen?

_____

_____

Ich persönlich würde meine Sache mit viel mehr Freude und Kreativität angehen. Das Ergebnis muss nicht perfekt sein. Es darf auch nur ein guter Ausschnitt sein. Ich darf kreativ sein, neue Wege versuchen, viel weniger verkrampft sein. Meine Aufgaben könnten mehr in ihrer Spontaneität aufblühen.

Fassen Sie den Entschluss, um jeden Preis Ihre perfektionistischen Gewohnheiten zu verändern. Wer Freude an seiner Arbeit hat, macht sie auch gut. Das Augenmerk liegt dabei auf dem Arbeitsprozess, der gut und kreativ ist, auf den Beziehungen, und nicht nur auf dem Produkt.

Von Theater-Schauspielern wissen wir: Wer sich weniger um den Ausgang der Premiere sorgt, spielt besser. Geht dann auf der Bühne etwas daneben, darf der Schauspieler seine Fehler auf keinen Fall im Gedächtnis festsetzen lassen und lange im Kopf reflektieren. Sofort vergessen, lautet hier die Devise.

Die perfekte Leistung ist zweitrangig. Es zählt der ganzheitliche Arbeitsprozess. Es ist nicht wichtig, wie perfekt ich mich präsentiere. Es ist wichtig, dass ich authentisch bin, dass ich ich bin und mich gut dabei fühle. Nicht der Perfektionismus beeindruckt, sondern die Authentizität. Ich muss nicht fehlerlos sein. Ich darf Fehler machen. Ich darf Mensch sein.

Nicht der Perfektionismus beeindruckt, sondern die Authentizität.

Was heißt das konkret? Ich werde meine Arbeit lockerer sehen, Freude und das Gute suchen und damit werde ich auch besser sein. Der Lockere, Entspannte ist oft der Bessere. Ich darf Grenzen, Beschränkungen haben. Ich muss auch nicht perfekt aussehen. Ich verpflichte mich dazu, mich zuallererst um mein geistiges, seelisches Wohlergehen zu kümmern. Ich verpflichte mich vor allem, den Frieden mit mir zu bewahren.

Der perfekte Körper

Perfekte, verführerische Körper strahlen von den Plakatwänden herunter, makellos, schlank, braun gebrannt. Wissen Sie, warum Models so schön sind? Bevor sie auftreten oder fotografiert werden, werden sie stundenlang geschminkt und „repariert". Nicht nur das Gesicht, sondern der ganze Körper erhält ein Body-Make-up. Jeder Pickel, jede Ader wird bedeckt, der ganze Körper mit Make-up gefärbt. Die Haare mit Haarteilen angereichert, das Gesicht mit einer Fixierungsmaske gespannt. Diese Maske hält das Gesicht für vier Stunden straff, spannt die Haut, Fältchen verschwinden. Auch viele Schauspieler bekommen Klebestreifen an den Haaransatz, die das ganze Gesicht nach hinten ziehen. Mit unsichtbaren Klebestreifen wird bei Models der Busen und Po gehoben. Am Theater wird spezielle (sehr unbequeme) Unterwäsche verwendet. Models lassen sich Silikon in die Oberlippen, Backenknochen und in den Busen spritzen. Die Vorderzähne werden vom Zahnarzt mit Verblendschalen überzogen. Das Idealgewicht eines 1,75 m großen Models liegt bei 45 bis 47 Kilogramm. Dieses Untergewicht ist nur durch Unterernährung und Erbrechen der Nahrung zu halten. Models oder auch viele Tänzer haben deshalb mit 35 Jahren einen ruinierten Körper.

Auch viele Schauspieler leiden an Ess-Brech-Sucht. Aufgrund der körperlichen Anstrengung müssen sie nach der Vorstellung essen. Bei einer Mahlzeit, die nach 22 Uhr eingenommen wird, nimmt man automatisch zu, da der Körper die Kalorien nicht mehr abbauen kann. Um das zu verhindern, wird danach die Mahlzeit erbrochen. So viel zum „perfekten" Körper.

Es braucht viel Mut, um ein Original auf dieser Welt zu sein. Schönheit ist vor allem das, was man daraus macht, und wahre Schönheit kommt von innen.

Dies alles verstärkt den Mythos der Schauspielerei, dass besonders Schönheit in diesem Beruf von eminenter Wichtigkeit sei. Ideale Körpermaße, hohe Backenknochen und lange Beine helfen vielleicht bei „Miss-Wahlen", aber nicht bei der Darstellung einer Charakterrolle auf der Bühne. Es gilt: 10 Prozent Schönheit, 90 Prozent Arbeit. Ich kenne kein Mannequin, das jemals Shakespeare gespielt hätte. Es stimmt, dass wir Frauen auch Schönheit bieten müssen, doch die Schönheit ist eben oft mehr Schein als Sein. Bei einer Umfrage unter den attraktivsten Schauspielern stellte sich heraus, dass es niemanden gab, der mit seinem Aussehen zufrieden war. Auch Tom Cruise, Angelina Jolie, Jennifer Aniston und Julia Roberts waren darunter.

Gerade junge Schauspielerinnen lassen sich leicht vom Modediktat unterdrücken. Ich wünschte, ich hätte früher gewusst, dass ich ein Unikat Gottes bin! Es braucht viel Mut, um ein Original auf dieser Welt zu sein. Schönheit ist vor allem das, was man daraus macht, und wahre Schönheit kommt von innen. Leuchtende Augen sind noch vielsagender als ein straffer Busen.

Im Folgenden möchte ich Ihnen ein Experiment vorstellen, das ich „Schritte gegen den Perfektionismus zur Freiheit" nenne.

1. Setzen Sie neue Prioritäten!

Geben Sie den Wunsch auf, perfekt sein zu müssen oder Perfektes zu leisten. Erlauben Sie, dass sich Ihre Prioritäten verändern. Was muss seine Vorrangstellung in Ihrem Leben verlieren?

Wozu verpflichten Sie sich?

Stellen Sie sich vor, wie Sie leicht und locker mit Ihrer Schwäche umgehen. Das entscheidende Motto lautet: Fehlerfroh ans Werk!
Wie würde das bei Ihnen konkret aussehen?

2. Treffen Sie die mutige Entscheidung, weniger als perfekt sein zu wollen.
Welche Lebensbereiche sind vom Perfektionismus betroffen? Z.B. Ehe, Beruf, Arbeit, Zeiteinteilung, Umgang mit Geld, Beziehungen, Pastor, Pastors Frau, Gemeinde, Körper, Aussehen usw.

Nehmen Sie einen Bereich, und malen Sie sich aus, was passieren würde, wenn Sie mit einem nicht völlig perfekten Ergebnis zufrieden wären. Wie würden Sie die Sache angehen?

3. Machen Sie sich Ihre Gefühle bewusst, wenn Sie Perfektionismus loslassen.
Schreiben Sie Ihre Gefühle auf.

Beschäftigen Sie sich zunächst mit dem guten Gefühl. Was ermutigt mich? Wo verspüre ich Freude, wenn ich Perfektionismus loslasse?

Was frustriert mich, regt mich auf in Bezug auf mein „Perfektsein"?

_____

_____

Und zum Abschluss: Was würden Sie tun, wenn Sie es nicht perfekt machen müssten?

_____

_____

Perfektionismus abzulegen, fordert uns auch zu einer Spiritualität der Unvollkommenheit auf! Wie das geht? Das erfahren Sie im nächsten Kapitel.

EXPERIMENT 12

Wenn alles schiefgeht ...

*Wir bleiben immer etwas schuldig,
aber das darf uns nie daran hindern, etwas zu tun.*

Versagen kann uns in die tiefste Verzweiflung führen. Der falsche Umgang mit unseren Schwächen kann uns schier den Lebenswillen rauben. Fehler schweben dann wie ein Damoklesschwert über unserem Tag und warten darauf, uns zu köpfen.
Ich möchte Ihnen eine dramatische, erschütternde Geschichte dazu erzählen, über jemanden, den Sie alle kennen:
Als Kind fällt er vor allem durch seine roten Haare und die vielen Sommersprossen auf. Er ist schweigsam und zieht sich gern in stille Winkel zurück. Wenn er mit Kameraden spielt, benimmt er sich oft starrköpfig und streitet mit ihnen. Auch seinen Eltern widersetzt er sich häufig, was ihm nicht selten Strafen einträgt. Trotzdem liebt er seinen Vater, der Prediger ist, und hängt sehr an seiner Familie. Am 1. Oktober 1864 bringen seine Eltern den Elfjährigen in ein Internat. Sie hoffen, dass ihn der ständige Umgang mit Gleichaltrigen und Erziehern umgänglicher, gefügiger macht. Aber diese Hoffnung wird enttäuscht. Vincent hat auch weiterhin Gefühlsausbrüche, schreit, tobt, ist grob und zugleich scheu, ängstlich. Wie schon zu Hause zieht er sich oft von den anderen zurück, verkriecht sich irgendwo, um zu lesen. Manchmal träumt er auch nur vor sich hin.

Auch seine schulischen Leistungen werden nicht besser; er bleibt ein mittelmäßiger Schüler. Seine Eltern beginnen, sich um die Zukunft des Jungen zu sorgen. Mit sechzehn Jahren wird er auf Empfehlung eines Onkels von einer Firma, die mit Bildern handelt, eingestellt. Vincent tut seine Arbeit ordentlich, seine Vorgesetzten sind mit ihm zufrieden und seine Eltern beruhigt. Die Tätigkeit als Kunsthändler macht ihm Spaß, und schon bald führt er ein Leben wie viele andere auch. Langsam wird er vom Kunsthändler zum Kunstliebhaber.

Er liest sehr viel, vor allem religiöse und christliche Bücher, denkt viel über die Bilder, über sich selbst und über seine Mitmenschen nach. Darüber vernachlässigt er seinen Beruf. Er weigert sich auch immer öfter, der Kundschaft Bilder anzupreisen, die er selbst nicht schön oder gar schlecht findet. Außerdem gewinnt er die Überzeugung, dass es nicht richtig ist, mit Kunstwerken zu handeln, um Geld zu verdienen. Es kommt zum Streit mit seinen Vorgesetzten, er wird entlassen.

Durch seine negativen Erfahrungen in und mit der Geschäftswelt setzt sich bei Vincent nun mehr und mehr der Gedanke durch, dass es nicht richtig ist, sich durch eigennütziges Handeln einen angesehenen Platz in der Gesellschaft erobern zu wollen. Von nun an will er anderen Menschen helfen, die Gemeinheit hinter sich lassen und für die Gesellschaft „große Dinge tun", wie er es selbst nennt.

Er muss wieder ganz unten anfangen. Er bewirbt sich auf eine Zeitungsanzeige hin auf eine Stelle als Hilfslehrer an einer englischen Schule, in der vorwiegend Kinder aus armen Familien unterrichtet werden. Er wird eingestellt, erhält zunächst jedoch nur Kost und Logis, kein Gehalt. Zu seinen Aufgaben gehört unter anderem auch die Eintreibung des Schulgeldes. Dabei kommt er zum ersten Mal in die Elendsviertel von London und lernt die Not der Arbeiter kennen. Er ist entsetzt darüber, unter welchen unmenschlichen Bedingungen sie hausen müssen. So schockiert ist Vincent, dass er es nicht fertigbringt, von diesen Leuten Geld zu fordern. Als er seinem Vorgesetzten die Zustände schildert, macht sich dieser über ihn lustig und kündigt ihm. Aber diesmal ist er wegen seines Scheiterns nicht niedergeschlagen, im Gegenteil. Die Erlebnisse und Erfahrungen, die er in den Elendsvierteln gemacht hat, bestärken ihn nur noch mehr in seinem Wunsch, den Armen zu helfen. Er tritt als Hilfsprediger in den Dienst eines Londoner Methodistenpredigers. Doch in diesem Beruf versagt er völlig. Er besitzt keinerlei Rednertalent, die Leute verstehen den Sinn seiner Worte nicht. Er stürzt sich umso mehr in die Betreuung und Pflege der Schwachen, Kranken und Behinderten. Er gibt buchstäblich sein Letztes, arbeitet bis zur völligen Erschöpfung und wird dabei krank.

Ende des Jahres 1876 kehrt er zu seinen Eltern nach Holland zurück. Er ist inzwischen 23 Jahre alt. Sein Vater lässt ihn die Enttäuschung über das erneute Versagen spüren. Er drängt Vincent, nun endlich einen ordentlichen Beruf zu ergreifen, um der Familie keine Schande mehr zu machen. Vincent hat nicht die Kraft, Widerstand zu leisten. Er arbeitet einige Monate in einer Bücherei, aber nach wie vor wünscht er sich nichts sehnlicher, als Pastor zu werden. Gleichzeitig plagen ihn jedoch Zweifel, ob seine Fähigkeiten für die Ausbildung reichen. Trotzdem beginnt er das Studium, bemüht sich, strengt sich an „wie ein Hund, der einen Knochen abnagt". Vergeblich! Nach einem Jahr gibt er auf; das Lernen hat ihn zermürbt. „Muss man denn so viel wissen, um den Menschen das Wort Gottes zu vermitteln?", fragt er enttäuscht.

Seine allerletzte Chance sieht er in einer Missionsschule in Brüssel, die in Schnellkursen Missionare für besonders verwahrloste Gebiete ausbildet. Das ist genau das, was er sich vorgestellt hat! Er will ja gerade den Ärmsten der Armen helfen, und zwar möglichst schnell, ohne viel zu studieren.

Doch wieder scheitert er. Als er nach vollendeter Probezeit keine Ernennung erhält, weil die Prüfer ihn für ungeeignet halten, bedeutet das einen furchtbaren Schlag für ihn. Begründet wird die Ablehnung mit seiner mangelnden Fähigkeit, frei zu reden. Aber der wirkliche Grund ist ein anderer. Vincent fällt es schwer, sich unterzuordnen. Er beachtet Vorschriften nicht, hält sich nicht an die Anordnungen seiner Vorgesetzten. Er weigert sich, Ordnungen einfach als gegeben hinzunehmen.

Inzwischen hat sich Vincent aber so fest in den Kopf gesetzt, das Wort Gottes zu verkünden und Gutes zu tun, dass er nur wenige Tage später zu neuen Ufern aufbricht. In einem der elendsten Gebiete lebt er mitten unter den Grubenarbeitern. Furchtbare Not herrscht überall um ihn herum, noch schlimmer als in London. Die Bergleute verdienen so wenig, dass auch ihre Kinder in den Gruben arbeiten müssen. Vincent setzt sich mit aller Kraft für die Leute ein. Er pflegt die Kranken, gibt den Ärmsten seine Kleider, läuft selbst in einem armseligen Militärrock herum, verteilt sein weniges Geld, übernachtet in einer alten Holzhütte, wo er auf einem Bündel Stroh schläft. Er will nicht nur Gottes Wort lehren, sondern auch selbst danach leben. Aber gerade diese Opferbereitschaft, diese Selbstlosigkeit bringen ihn erneut in Schwierigkeiten. Er wird von dem zuständigen Pfarrer zur Ordnung gerufen, weil er „des Guten zu viel tut". Als er sich bei einem Streik der Bergleute auch noch für deren Interessen einsetzt, wird er streng zurechtgewiesen. Schließlich verbietet ihm ein Ausschuss für Glaubensverbreitung jede weitere Tätigkeit, weil er durch sein Aussehen und sein Verhalten das Ansehen der Kirche verletzt.

Vincent gibt auf, hat keine Kraft mehr. Er ist durch die vielen Entbehrungen abgemagert und mutlos. Monatelang irrt er umher, ohne Ziel, ohne Arbeit, ohne Geld. Er leidet darunter, als arbeitsscheuer Spinner zu gelten, der von der

Unterstützung anderer abhängig ist. Seine Erlebnisse bei den Grubenarbeitern beschäftigen ihn so sehr, dass er keine Ruhe findet.

In dieser Zeit schreibt er seinem Bruder Theo in einem langen Brief: „Es gibt den Nichtstuer wider Willen, der innerlich von einem leidenschaftlichen Wunsch nach Tätigkeit verzehrt wird, der nichts tut, weil es ihm völlig unmöglich ist, etwas zu tun, weil er gleichsam gefangen ist, weil er nicht hat, was er braucht, um produktiv zu sein, weil es sein Missgeschick so gefügt hat. Ein solcher Mensch weiß manchmal selbst nicht, was er tun könnte, aber er fühlt instinktiv: Ich bin doch zu irgendetwas gut, ich habe eine Daseinsberechtigung! Ich weiß, dass ich ein ganz anderer Mensch sein könnte! Wozu nur könnte ich taugen, wozu könnte ich dienen? Es ist etwas in mir, was ist es nur?"

In dem Brief vergleicht er seine Situation mit der eines Vogels im Käfig, der frei sein möchte, Nester bauen, Junge zeugen und großziehen. Dann prallt er mit dem Kopf gegen die Stäbe des Käfigs. Und der Käfig bleibt, und der Vogel ist wahnsinnig vor Schmerz. Aber der Gefangene lebt weiter und stirbt nicht. Nichts von dem, was in seinem Inneren vorgeht, ist äußerlich bemerkbar. Es geht ihm gut, und bei Sonnenschein ist er mehr oder minder fröhlich.

Es dauert einige Wochen, bis er diesen Zustand überwunden hat. Er schreibt seinem Bruder erneut: „Ich habe mir gesagt: Wie dem auch sei, ich komme schon wieder hoch, ich nehme den Bleistift wieder zur Hand, den ich in meiner großen Mutlosigkeit weggelegt habe, und ich mache mich wieder ans Zeichnen; seitdem hat sich alles scheinbar gewandelt, ich bin auf gutem Wege."

Von diesem Zeitpunkt an beginnt er zu zeichnen. Nicht mehr gelegentlich wie bisher, sondern mit derselben Hingabe, mit der er zuvor bei den Bergleuten gearbeitet hat. Oft zeichnet und malt er bis zur Erschöpfung, ohne Nahrung zu sich zu nehmen. Doch sogar die wohlmeinendsten

Ratgeber können in seinen ersten Zeichnungen nichts erkennen, was auf eine besondere Begabung hinweisen würde. Sie raten ihm, einen anderen Beruf zu wählen oder das Malen auf einer Kunstakademie von Grund auf zu lernen. Vincent lehnt beide Vorschläge ab. Er will zwar lernen, hat jedoch Angst, die Lehrer an Akademien oder Schulen könnten wieder versuchen, ihn mit Vorschriften oder Regeln einzuengen. Und gerade das widerstrebt ihm. Er will durch das Malen sich selbst besser kennenlernen. Er will Menschen und Dinge darstellen, wie er sie sieht, will der Wahrheit näher kommen. Das kann er nur, wenn er die gültigen Vorstellungen von Falsch und Richtig, von Schön und Hässlich überschreitet. Das tut er bald.

Doch wie dem Prediger mit seinen Worten gelingt es auch dem Maler mit seinen Bildern nicht, sich verständlich zu machen. Aber diesmal gibt er nicht auf. Er will sich und anderen beweisen, dass er kein Nichtstuer und Nichtskönner ist. Er ist jetzt 27 Jahre alt. Mit einer unglaublichen Verbissenheit arbeitet er, betreibt Studien, zeichnet Hunderte, Tausende von Skizzen. Innerhalb von zehn Jahren schafft er unter den schwierigsten Bedingungen eines der wichtigsten Werke in der Geschichte der Malerei. Das geht über seine Kräfte.

1890 nimmt sich Vincent van Gogh mit 37 Jahren das Leben.

Was für ein tragisches Ende! Kennen Sie auch das Gefühl, keine „Existenzberechtigung" zu haben oder Ihre Berechtigung verspielt zu haben? Wie schwer unser Leben auch sein mag und wie „ungerecht" wir behandelt werden mögen – es liegt immer auch an uns, wie wir mit Rückschlägen, Versagen und Ablehnung umgehen.

>Was sind Ihre Gedanken, wenn Sie versagen?
>Zum Beispiel: „Ich habe nicht funktioniert",
>„Ich bin unfähig", „Es hat sowieso keinen Sinn",
>„Ich bin nie gut genug".

Sind das die Gedanken Gottes? Nein! Wir müssen uns ganz bewusst zu einer Spiritualität der Unvollkommenheit bekennen! Unser Tun muss nie perfekt sein! „Mist bauen" gehört zum Leben – ich trage meinen Mist auf den Acker Gottes, damit der Mist dort zur Frucht wird. Wir bleiben immer etwas schuldig, aber das darf uns nie daran hindern, etwas zu tun. Es wird immer wieder etwas schiefgehen in unserem Leben. Gott möchte, dass wir keine abwertende Haltung uns gegenüber annehmen. Das Versagen ist nicht das Entscheidende, sondern die Art und Weise, wie wir damit umgehen. Unsere Schuldfrage darf uns nie am Leben hindern. Genau deshalb hat Jesus diese Schuldfrage ein für alle Mal für uns geklärt.

Wir müssen uns ganz bewusst zu einer Spiritualität der Unvollkommenheit bekennen!

Wenn wir immer und immer wieder scheitern, kann uns das allen Lebensmut rauben. Wir können schier an uns selbst zugrunde gehen.

Wie gehen Sie mit Ihrer Schwachheit um?
Verlassen Sie sich dabei selbst und lassen sich im
Stich? Was könnten Sie stattdessen tun?

―――――――――――――――――――――――――

―――――――――――――――――――――――――

Ich weiß: Weil Gott mich liebt, kann ich mich selbst lieben und respektieren. Ich bin geduldig mit mir selbst. Gott tut ein Werk in mir, das für die Ewigkeit bestimmt ist. Auch er ist geduldig mit mir. Ich gehe meinen Weg mit Gott.

Wenn Sie das nächste Mal einen Fehler machen (und der kommt bestimmt), versuchen Sie, solidarisch mit sich selbst umzugehen, sich nicht selbst abzuwerten. Eine Möglichkeit wäre, über Ihre Fehler zu lachen. Gelingt Ihnen das?

In Situationen, in denen Sie Wut, Ohnmacht, Verzweiflung und Angst verspüren, fragen Sie sich: Was möchte ich wirklich in dieser Situation? Kommunizieren Sie außerdem mit anderen Menschen offen und ehrlich.

Wie können Sie lernen, Ihre Bedürfnisse
direkt anzusprechen?

―――――――――――――――――――――――――

―――――――――――――――――――――――――

Verzagen Sie nicht in Ihrer „Unvollkommenheit"! Wir bleiben immer etwas schuldig. Gott sagt Ihnen zu: „Ich bin mit dir und will dich behüten, wo du hinziehst ..." (1. Mose 28,15a; LUT).

> Meine Hand liegt auf dir,
> ich werde mich dir fortwährend offenbaren.
> Sei niemals entmutigt.

Sei niemals im Herzen müde.
Du wirst viel ernten, wenn du nicht ermattest.
Ich habe für dich viele Bahnen zum Fliegen,
viele Täler zum Durchschreiten,
viele Berge zum Besteigen.
Du wirst diese Berufung lieben.
Du wirst diese Herausforderung lieben.
Du wirst meine Hand auf allem, das du berührst, finden
und du wirst dich daran erfreuen.
Du wirst niemals aufhören, erstaunt zu sein
und freudig überrascht zu werden,
niemals aufhören, die Größe meines Herzens zu entdecken.

Ich liebe dich,
und ich bin dein Gott:
Komm mit mir;
nimm meine Freude mit dir,
denn wir sind eins.

(Siehe auch Lukas 18,1; Römer 12,12; Galater 6,9; 2. Petrus 1,4; 2. Korinther 9,8; Jeremia 31,3; 1. Petrus 1,7.)

EXPERIMENT 13

Die Schwäche in Stärke verwandeln

*„Ich muss mir auch von mir selbst nicht alles gefallen lassen.
Ich kann auch immer noch ein ganz anderer werden."*
Viktor Frankl

Leider können wir nicht immer völlig aus unserer persönlichen Lebensgeschichte aussteigen. Oft holt uns ein altes Verhaltensmuster aus unserer Kindheit immer wieder ein. Wir flüchten in eine Bewältigungsstrategie, von der wir schon längst wissen, dass sie für uns keine Hilfe mehr darstellt.
In meiner Kindheit gab es keine Süßigkeiten. Heute liebe ich Zucker in jeder Form, könnte mich tagelang von Zucker ernähren und so meine Zähne, meinen Körper, meinen Stoffwechsel und vor allem meine Befindlichkeit zerstören. Heute wissen wir, dass Zucker ähnliches Suchtpotenzial wie Kokain hat, ähnliche Highs und Lows erzeugen kann. Das Problem ist nur, dass Zucker eine gesellschaftlich völlig akzeptierte, ja, gewollte Droge ist.
Gerade ist wieder einmal Weihnachten vorbei, für mich eine „herausfordernde" Zeit im Jahr, die Zeit, in der jede Form von Völlerei legitimiert, ja sogar gefördert wird. Wieder einmal bin ich abends beim Nichteinschlafen in die Zuckerdose gefallen und wache mit einem entsprechenden „Hangover" auf. Ganz entscheidend ist es nun, hinter die vermeintliche Schwäche zu schauen. Also zu fragen: Was ist das eigentli-

che Bedürfnis, das hinter meiner Schwäche steht? Wir dürfen niemals nur die Schwäche selbst „bekämpfen". Es geht darum, die Not dahinter wahrzunehmen und zu lindern. Die Schwäche selbst ist nur ein Symptom und kann in unterschiedlicher Verkleidung auftreten: Computer, TV, Shoppen, Essen, Trinken, Sich-zu-Hause-Verkriechen, Facebook, Internet, „übergeistliches" Zurückziehen aus der „Welt" ...

Fatal finde ich, dass unter Christen einige Schwächen völlig legitimiert sind – Völlerei, seinen Körper vernachlässigen, keinen Sport betreiben – und andere als Kennzeichen großer Sünde gewertet werden. Es gibt also die erlaubten „Sünden" genau wie die unerlaubten, und somit auch zwei Arten von „Christen", je nachdem, welche „Schwäche" das Leben überschattet. In meiner Gemeinde ist beispielsweise Rauchen eine geächtete Sünde, wohingegen es schon mal vorkommen kann, dass man „einen über den Durst trinkt".

Haben Sie eine Schwäche, die Ihnen immer wieder zu schaffen macht? Stolpern Sie immer wieder über dieselben Versuchungen? Zeichnen Sie die „Flausen" in Ihrem Kopf.

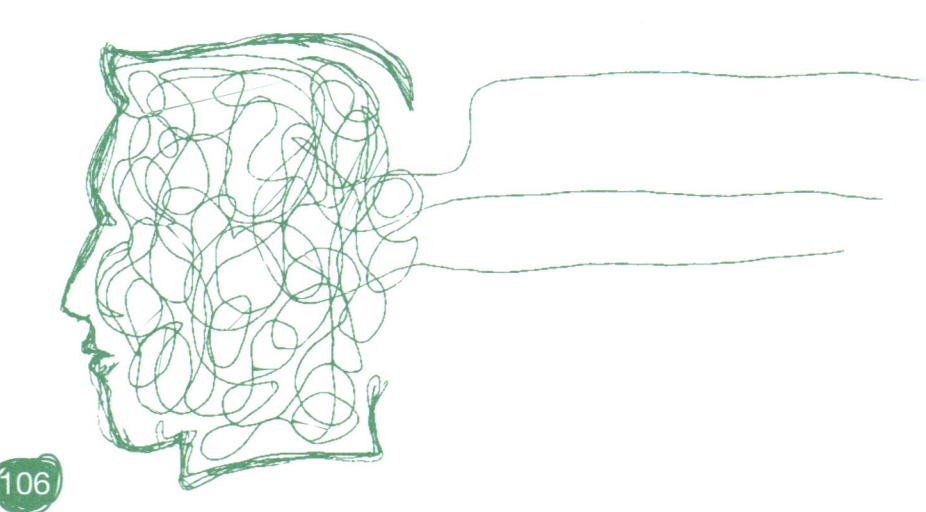

Stellen Sie sich vor, wie Sie mit diesen Schwächen leicht und locker umgehen. Stellen Sie sich vor, wie Sie sich das nächste Mal anders entscheiden. Stellen Sie sich vor, wie Sie gesund durch den Tag gehen. Stellen Sie sich vor, wie Sie sich dabei entspannen. Wie sähe das aus?

_____

_____

Sagen Sie nicht: „Ich werde weniger essen." Sondern: „Ich werde nur essen, wenn ich Hunger habe." Formulieren Sie nie allgemein, also nicht: „Ich esse keinen Zucker mehr", sondern setzen Sie konkrete Ziele: „Tee und Kaffee trinke ich ohne Zucker."

Sie blicken dabei auf Jesus und nicht auf sich selbst. Sie sehen nicht auf Ihre Schwäche, nicht auf Ihre „Versuchung". Sie blicken in eine andere Richtung. Sie blicken nach oben. Sie beschäftigen sich nicht mehr nur mit Ihrer Schwäche. Sie haben jetzt eine andere Quelle für Ihr Leben. Schärfen Sie auch den Blick für die eigenen Stärken!

Sie beschäftigen sich nicht mehr nur mit Ihrer Schwäche. Sie haben jetzt eine andere Quelle für Ihr Leben. Schärfen Sie auch den Blick für die eigenen Stärken!

In Situationen, in denen wir Wut, Ohnmacht, Verzweiflung und Angst verspüren, greifen wir gern nach „Beruhigungsmitteln" wie Zucker, TV, Alkohol etc. Fragen Sie sich in solchen Situationen:

Was möchte ich betäuben?

_____

_____

Und was möchte ich wirklich in dieser Situation
(statt Zucker oder sonstiger Opiate)?

_____

_____

Was kann ich tun, damit es mir besser geht?

_____

_____

Ich habe herausgefunden, dass mir Folgendes hilft: Zwischen Spannung und Entspannung achte ich auf das innere Gleichgewicht. Ich nehme mir regelmäßige Auszeiten. Außerdem verzeihe ich mir Fehler und hake sie als „Erfahrungswerte" ab. In Schwächephasen erlaube ich mir öfter eine „Jetzt erst recht"-Haltung.

Erinnern Sie sich an den Satz von Viktor Frankl: „Ich muss mir auch von mir selbst nicht alles gefallen lassen. Ich kann auch immer noch ein ganz anderer werden." – Brenzlige Situation bewältigen wir, indem wir uns immer wieder ausmalen, sie zu meistern. Das hilft uns, weitere Schritte in der Realität zu gehen. Mit gesundem Selbstvertrauen und innerer Gelassenheit treffen wir einfach mehr das Ziel.

Folgendes Gebet hilft mir immer wieder auf die Beine, wenn ich mich am liebsten verkriechen möchte:

> Lieber Gott,
> hilf mir, Selbstzerstörung in jeder Form abzulehnen.
> Ich bin für Befreiung und Hilfe offen.
> Heilender Geist, gib mir heute die Stärke, das abzulehnen, was meinem Körper schadet.

Befreie mich von meinen alten Gewohnheiten.
Ich gehöre vollkommen dir.
Ich gebe mich nicht Dingen hin, die mich zerstören.
Hilf mir, gut zu mir selbst zu sein.
Hilf mir, mich selbst mit Respekt zu behandeln, meinen Körper zu segnen.
Hilf mir, ein Überwinder zu sein, frei zu sein.
Ich belohne mich selbst für richtige Entscheidungen.
Ich belohne mich mit Liebe, Ermutigung und gutem Leben.
Herr, schenke mir einen gesunden Lebensstil mit Kraft.
Hilf mir, mir vorzustellen, wie ich mir einen neuen Lebensstil angewöhne – einen gesunden Lebensstil der Ruhe. Amen.

EXPERIMENT 14

Um den eigenen Wert wissen

Selbstwertgefühl ist das Wissen um den eigenen Wert,
um die eigene Würde,
um die Einmaligkeit der Person.

Selbstwertgefühl ist das Gespür für das Bild, das sich Gott von mir gemacht hat. Der Therapeut Jorge Bucay erzählt von einem Erlebnis, das ich selbst sehr oft in Asien ähnlich erlebt habe. In den Straßen von Bali finden „Zirkusvorstellungen" für die Touristen statt, in denen riesige Elefanten ihre Kunststücke vorführen. Das Tier mit seinem ungeheuren Gewicht stellt in seiner eindrucksvollen Größe seine Kraft zur Schau. Tonnenschwere Baumstämme hebt er dabei von links nach rechts. Nach der Vorstellung, aber auch in der Zeit bis kurz vor seinem Auftritt, bleibt der Elefant immer mit dem Fuß an einem kleinen Pflock angekettet. Der Pflock ist allerdings nichts weiter als ein winziges Stück Holz, das kaum ein paar Zentimeter tief in der Erde steckt. Es steht für mich außer Zweifel, dass sich ein Tier, das die Kraft hat, einen Baum mitsamt der Wurzel auszureißen, mit Leichtigkeit von einem solchen Pflock befreien könnte. Was hält ihn zurück? Warum läuft er nicht auf und davon?
Zuerst vermutete ich, dass er sich nicht aus dem Staub macht, weil er dressiert sei. Aber wenn er dressiert ist, warum muss er dann noch angekettet werden? Ich fand keine schlüssige

Antwort. Erst die Begegnung mit „angeketteten Menschen" erinnerte mich wieder an dieses Rätsel. Die tragische Antwort lautet: Der Zirkuselefant flieht nicht, weil er schon seit frühester Kindheit an einen solchen Pflock gekettet ist.

Stellen Sie sich einen wehrlosen, neugeborenen Elefanten am Pflock vor. Er schubst, zieht und schwitzt, um sich von ihm zu befreien. Aber trotz aller Anstrengungen gelingt es ihm nicht, weil er zu fest in der Erde steckt. Er schläft erschöpft ein, um es am nächsten Tag gleich wieder zu versuchen und am nächsten ... Bis eines Tages, eines für seine Zukunft verhängnisvollen Tages, das Tier seine Ohnmacht akzeptiert und sich in sein Schicksal fügt.

Dieser riesige, mächtige Elefant, den wir aus dem Zirkus kennen, flieht nicht, weil der Ärmste glaubt, dass er es nicht kann. Allzu tief hat sich die Erinnerung daran, wie ohnmächtig er sich kurz nach seiner Geburt gefühlt hat, in sein Gedächtnis eingebrannt. Und das Schlimmste dabei ist, dass er diese Erinnerung nie wieder ernsthaft hinterfragt hat. Nie wieder hat er versucht, seine Kraft, seinen neuen Geist auf die Probe zu stellen. Er glaubt, er sei immer noch der kleine Elefant, hilflos seinem Schicksal ausgeliefert.

So geht es uns, wenn wir nicht um unsere eigene Selbstwirksamkeit wissen. Selbstbewusst ist einer, der sich seiner bewusst ist, der weiß, wer er ist und was in ihm steckt.

Das fehlende Selbstwertgefühl rührt häufig lediglich daher, dass wir die Einschätzung unserer Selbstwirksamkeit an Erfahrungen aus der Kindheit knüpfen. Hinzu kommt, dass unter Christen Selbstwertgefühl oft mit „Stolz" verwechselt wird. Aber ein gesundes Selbstwertgefühl bläht nicht auf! Es ist vielmehr das Gefühl für den eigenen Wert in allen Schwächen und Grenzen. „Aber durch Gottes Gnade bin ich, was ich bin", schreibt Paulus in 1. Korinther 15,10 (LUT).

Sie haben als Mensch einen unantastbaren, göttlichen Wert, der Ihnen von Gott von Anfang an verliehen wurde. Deshalb dürfen Sie sich annehmen. Weil Gott Sie annimmt, dürfen Sie sich auch annehmen. Eine persönliche Erfahrung meines Mannes zeigt, wie negative Kindheitserfahrungen auch eine positive Wendung nehmen können, wenn jemand an unserer Seite ist, der uns bestärkt:

„In der Schule war ich leider eine totale Niete. Mein Unvermögen führte dazu, dass ich schon in der Volksschule die dritte Klasse wiederholen musste. Ich erinnere mich, wie der Lehrer am Ende des Schuljahres alle Schüler mit ihren Zeugnissen nach Hause schickte, nur mich behielt er alleine in der Klasse zurück. Er teilte mir mit: ‚Du musst diese Klasse leider wiederholen, du kannst nicht mit deinen Freunden in die vierte Klasse aufsteigen.'

Ich verstand die Welt nicht mehr. Sollte ich alle meine Freunde verlassen und in eine wildfremde Klasse kommen? Ich verzog mich in den Schulgang, setzte mich in eine Ecke und begann, unbändig zu weinen. ‚Was bin ich nur für ein Versager, alle dürfen in die vierte Klasse, nur ich nicht ...'

In diesem Moment kam ein mir unbekannter Lehrer mit dunklem Vollbart auf mich zu. Er fragte mich, warum ich so bitterlich weine. Ich erzählte ihm meine katastrophale Lage. Daraufhin nahm er mich an der Hand, drückte sie ganz fest und meinte: ‚Du hast nichts zu fürchten, und ich bin dein neuer Lehrer – gemeinsam werden wir das schaffen.'

Für kurze Zeit war ich getröstet und beschloss endlich, mit großer Verspätung nach Hause zu gehen. Doch schon auf dem Rückweg holten mich meine Ängste und Zweifel wieder ein: Wahrscheinlich würde ich als Bettler oder Straßenkehrer enden. Ich kannte niemanden, der es nicht einmal zur vierten Volksschulklasse geschafft hatte. Ich musste ja wirklich ein totaler Versager sein. Wieder überkam mich das heulende Elend und schluchzend stand ich schließlich vor unserer Wohnungstür. Wie würden meine Eltern reagieren? Als meine Mutter mein verheultes Gesicht sah, wollte sie natürlich sofort wissen, was geschehen sei. Nach einigem Zögern rückte ich schließlich mit der Wahrheit heraus. In-

zwischen war auch mein Vater nach Hause gekommen. Sie hörten mir beide mit großer Aufmerksamkeit zu. Dann nahm mich mein Vater fest in die Arme, drückte mich und meinte: ‚Mein lieber Sohn, das ist doch gar nicht schlimm, dass du eine Klasse wiederholen musst. Im Gegenteil: Das ist sogar ein großes Geschenk! Du hast jetzt einen viel besseren Lehrer und im kommenden Schuljahr weniger Stress. Ein Jahr mehr oder weniger – wen kümmert das schon … Du wirst sicher deinen Weg machen.'
Ein paar Jahre hab ich's mit Ach und Krach noch in der Schule ausgehalten, bis ich schließlich mit 15 Jahren nach England abgehauen bin. Doch die bedingungslose Liebe meiner Eltern, ihr Wort: ‚Du wirst sicher deinen Weg machen', hat mich immer durchgetragen."
Menschen mit Selbstvertrauen verkraften Rückschläge leichter. Sie können in schwierigen Situationen gelassen bleiben. Sie geben sich nicht unnützen Grübeleien hin, die nur unnötige Kraft kosten. Sie konzentrieren und bewegen sich bewusst im Rahmen des Machbaren und bringen ihre Fähigkeiten voll zur Entfaltung.
Wer sich einer Situation nicht gewachsen fühlt, gerät schnell unter Druck. Ein qualvoller Zustand, den wir über einen längeren Zeitraum nicht aushalten können. Zu viele Selbstzweifel schlagen sich nicht selten entscheidend auf den angestrebten Erfolg nieder. Wer schon im Unterbewusstsein nicht an die notwendige Kraft glaubt, dem erfüllen sich in der Realität meist seine negativen Prophezeiungen. Zudem gerät er in eine Zwickmühle. Einerseits treibt ihn der Ehrgeiz, andererseits fehlt es an der Lust, mehr zu erreichen.
Ein andermal hingegen schrauben wir unsere Erwartungen gewaltig hoch. Doch an zu großen Brocken können wir uns schnell verschlucken. Gehen wir das Ziel daher mit kleinen Schritten an und nehmen Erfolgserlebnisse wahr. So sind wir zufriedener. Wenn wir ständig das ganz große Ziel vor Augen sehen, setzt uns das nur unter Druck, weil wir es

noch immer nicht erreicht haben. Das kann uns mit der Zeit mehr und mehr erschöpfen.

Unberechtigtes, zu ausgeprägtes Selbstvertrauen führt ebenfalls schnell zum Scheitern. Natürlich gibt das keiner gerne zu. Es ist ein Grund, weshalb viele in ihrem Alltag auf der Stelle treten, nur gereizt sind und Fehler nicht zugeben wollen, statt Lehren daraus zu ziehen. Andere dagegen trauen sich wenig zu, lassen sich zu schnell einschüchtern, in die Ecke drängen und geben bei geringsten Rückschlägen gleich auf. Ihr gutes Gefühl hängt ständig an einem seidenen Faden.

Im Berufsleben ist sowohl mangelndes wie auch übermäßiges Selbstvertrauen nicht förderlich. Schon bei der Bewerbung um einen Arbeitsplatz gerät jemand, der nicht selbstbewusst auftreten kann, ins Hintertreffen, weil seine Vorgesetzten befürchten, dass es ihm nicht gelingen wird, den nötigen Respekt der Kollegen zu gewinnen und mit ihnen angestrebte Ziele zu erreichen.

Wer allerdings vor Selbstsicherheit nur so strotzt, erscheint vielfach überheblich. Sein Auftreten nährt den Verdacht, er könne gar nicht so perfekt sein, wie er vorgibt. Solch ein Bewerber wird nicht selten abgelehnt, weil zu befürchten ist, dass er durch sein allzu forsches Auftreten die Kollegen erdrückt und es zu keiner harmonischen Zusammenarbeit kommt. Oft fühlt er sich den weniger erfolgreichen Kollegen gegenüber überlegen. Siegessicher signalisiert er mit einem Lächeln, alles im Griff zu haben. Doch die vermeintliche Siegermentalität entpuppt sich in Wirklichkeit oft als Zeichen von Schwäche. Misserfolge rücken kurz den Kopf wieder zurecht, doch das kann er kaum verkraften. Darauf folgen Trotzreaktionen und überreizt reagiert er auf weitere Misserfolge.

Schwer schleppt ein solcher Mensch mentale Unruhe und Ungeduld als Ballast mit sich herum. Manch einer erhöht seine Risikobereitschaft in einem Anflug grenzenloser Selbstüberschätzung. Draufgängerisch nach außen, aber ängstlicher, impulsiver und unkonzentrierter geht er nach mehr oder weniger harten Kritiken wieder ans Werk. Es ist durchaus spannend, die Biografien ehemals großer Bankenmanager auf dieses Muster hin zu beleuchten.

Sicher ist das alles ein bisschen grob geschnitzt. Doch grundsätzlich gilt: Ein gesundes Selbstvertrauen lebt in einem seelischen Gleichgewicht zwischen Anspannung und Entspannung. Es bildet die Grundlage dafür, sich mental stark zu fühlen. Zudem setzt es viel Feingefühl und Selbstbeobachtung voraus sowie das ehrliche Einschätzen der eigenen Stärken und Schwächen. Diese zu kennen, ist unbedingt nötig. In uns ruhend und mit hinreichendem Selbstvertrauen meistern wir Krisensituationen leichter. Wir haben keine Probleme, über unsere Leistungen und Qualitäten frei zu sprechen.

„Liebe deinen Nächsten wie dich selbst", sagte Jesus (z.B. Matthäus 19,19). Haben Sie von diesem Auftrag Jesu auch immer nur den ersten Teil wahrgenommen und den zweiten überhört – „wie dich selbst"? Es ist wichtig, dass Sie sich selbst annehmen und lieben lernen – einfach weil Gott Sie mag!

Sie allein können sich die Erlaubnis geben, ihr Leben zu gestalten. Niemand anderer kann das für Sie tun.

Wir dürfen uns nicht nur durch Leistung definieren. Wir wollen nicht weiterhin gelebt werden. Für unser Leben und unseren Lebensstil sind ausschließlich wir selbst verantwortlich und niemand anderer. Es geht darum, nicht Opfer zu spielen, sondern die eigene Schöpferkraft zu entdecken, die Gott uns gegeben hat, um unser Leben zu gestalten. Sie allein können sich die Erlaubnis geben, Ihr Leben zu gestalten. Niemand anderer kann das für Sie tun.

Im Folgenden möchte ich Ihnen ein paar Experimente vorstellen, die Ihnen dabei helfen können, einen gesunden Selbstwert zu entwickeln.

„Ich bin ein Original Gottes"
Die Übung von John L. Mason können Sie morgens beim Aufstehen machen, wenn Sie in den Spiegel sehen. Begrüßen Sie Ihr Spiegelbild mit den Worten: „Ich bin ein Original Gottes! Einmalig auf dieser Erde, mit niemandem sonst zu vergleichen. Gott hat mich so geschaffen, und er liebt mich so, wie ich bin."
Kleben Sie sich diese Worte auf Ihren Badezimmerspiegel, damit Sie die Übung nicht vergessen.

Meditation
Beginnen Sie, sich Ihre Identität in Gott bewusst zuzusprechen und sie zu meditieren. Sie allein können sich die Erlaubnis geben, Ihr Leben zu gestalten. Gott braucht uns als Mitschöpfer unseres Lebens. Anstatt auf große Wunder zu warten, haben wir jeden Augenblick die Möglichkeit, Wunderbares in unserem Leben zu entdecken und zu fördern. Im Folgenden habe ich einige Gedanken zum Meditieren zusammengestellt – suchen Sie sich einen Leitgedanken pro Tag aus und denken Sie immer wieder darüber nach:

- Gott hat mich gewollt und noch viel mit mir vor.
- Das Leben hat noch viel mit mir vor. Es wird spannend für mich.
- Ich bin von Gott einzigartig und wunderbar geschaffen.
- Ich bin von meinem Wert hinreichend überzeugt.
- Ich behandle mich selbst und andere mit Respekt. Falsche, mich herunterziehende Bilder von mir lasse ich los.
- Ich höre auf, falschen Idealbildern nachzueifern.
- Ich vergebe mir und anderen.
- Ich gebe mich selbst und andere nicht auf.
- Je mehr ich meinen Wert erkenne und daran glaube, umso mehr kann ich heute von ganzem Herzen so sein, wie ich wirklich bin.

Genieße alles mit Danksagung

„Denn jedes Geschöpf Gottes ist gut und nichts verwerflich, wenn es mit Danksagung genommen wird" (1. Timotheus 4,4; ELB).

Für welche guten Dinge in meinem Leben kann ich danken?

_____

_____

Das Innehalten im Alltag, das Schließen der Augen, das bewusste Ein- und Ausatmen machen uns wieder Lust zum Leben. Die Erhaltung der Lebenslust ist eine Möglichkeit, Gott zu genießen und all das Gute, das er uns schenkt. Fragen Sie sich jeden Abend: Was ist heute gut gelaufen? Was hat mir gutgetan?

Körperübung

Üben Sie, wirklich zu stehen, wenn Sie stehen.
→ Wenn ich auf beiden Beinen aufrecht stehe, lerne ich auch, zu mir selbst zu stehen.

Beobachten Sie sich einmal, wenn Sie mit anderen Menschen sprechen, ob Sie wirklich so stehen.

Bewegen Sie sich eine halbe Stunde täglich in der freien Natur.
→ Ich tue meinem Körper etwas Gutes, damit meine Seele Lust hat, darin zu wohnen.

Wir können unseren Körper mit Bewegung, Schlaf und gesunder Ernährung pflegen, um in eine größere Tiefe des Lebens zu kommen.

Sich besser kennenlernen

Wo sind Ihre eigenen Stärken?

_____

_____

Was machen Sie gerne?

_____

_____

Was begeistert Sie?

_____

_____

Worauf freuen Sie sich heute?
Was möchten Sie heute tun?

_____

_____

Denken Sie daran: Sie allein können sich die Erlaubnis geben, Ihr Leben zu gestalten. Gott braucht uns als Mitschöpfer unseres Lebens.

EXPERIMENT 15

Werden, wer ich wirklich bin

*Jeder Mensch stellt ein einmaliges Bild dar,
das Gott sich allein von ihm gemacht hat.*

Die wenigen Wochenenden, die ich in meiner Kindheit nicht im Internat verbrachte, war ich meistens bei meiner Großmutter, meiner „Mumi". Ab und zu fuhren wir auch zu meinen Eltern nach Hause. Bei den zahlreichen Verwandtenbesuchen, die an solchen Wochenenden stattfanden, lief häufig das gleiche Spiel ab: Verwandte und Freunde meiner Eltern, die uns besuchten, steuerten geradewegs auf meinen hübschen Bruder zu mit den Worten: „Was hast du für wunderschöne Augen, was bist du für ein reizender Bub!"
Ich dagegen war ein unscheinbares kleines Mädchen, mit dünnen Haaren, blassen Augen und einem leicht kränklichen Gesicht. Ich hatte mich daran gewöhnt, dass ich offensichtlich hässlich war. Als ich mich wieder einmal weinend in eine Ecke verkrochen hatte, kam meine Mumi zu mir. Sie nahm mich auf ihren Schoß, sah mir in die Augen und sagte zu mir: „Eva-Maria, weißt du, dass du Bernsteinaugen hast? Das ist eine ganz seltene Farbe! Diese Augen findet man kaum auf dieser Welt. Außerdem bist du unwahrscheinlich intelligent, mehr als alle deine Klassenkameradinnen. Aber das musst du natürlich für dich behalten. Es ist dein Geheimnis."

Von dem Moment an fühlte ich mich nicht mehr als das hässliche kleine Entlein. Ich hatte ja ein Geheimnis: Bernsteinaugen und unwahrscheinliche Intelligenz. Ich begann, in der Schule alle meine Klassenkameradinnen zu überflügeln, das Lernen fiel mir plötzlich sehr leicht. Trotz meiner Minderwertigkeitsgefühle tröstete mich der Gedanke, dass ich eines Tages einen Menschen finden würde, der erkennen würde, dass ich tatsächlich Bernsteinaugen hatte.

Viele Jahre später saßen Eric und ich an unserer Hochzeitstafel mit meiner geliebten Mumi und erzählten uns Anekdoten aus der Kindheit. Mumi schilderte meinem Mann, wie mein Bruder als Kind immer vorgezogen wurde. Sie meinte: „Ich habe mir dann in meiner Verzweiflung eine Lösung überlegt. Ich musste irgendetwas finden, was an Eva-Maria besonders sei und was sie mir auch glauben würde. So sagte ich ihr, dass sie eigentlich ‚unheimlich intelligent' sei. Außerdem versuchte ich irgendetwas Schönes in ihrem Gesicht zu entdecken und nannte ihre Augen ganz geheimnisvoll ‚Bernsteinaugen'."

Jeder von uns drückt auf einzigartige Weise Gott in dieser Welt aus.

Zuerst war ich natürlich enttäuscht. Waren diese Sachen etwa nur erfunden? Ich hatte doch zwanzig Jahre lang an sie geglaubt ... Nein, sie sah in ihrer Liebe etwas in mir, was andere nicht sahen, und konnte mir so immer wieder bestätigen, dass ich wertvoll bin. Ihre Liebe sah nur das Beste in mir. Ich bin überzeugt, dass sie mich durch viel Einsamkeit im Internat durchgetragen hat. Dafür genügt ein einziger Mensch, und das müssen nicht die Eltern sein.

Beim Selbstwertgefühl geht es nicht nur darum, sich selbst und Gott zu vertrauen, sondern seine Einmaligkeit zu entdecken. Jeder Mensch stellt ein einmaliges Bild dar, das Gott sich allein von ihm gemacht hat. Jeder von uns drückt auf einzigartige Weise Gott in dieser Welt aus.

Lassen Sie sich diese Sätze einmal auf der Zunge zergehen!

Die Welt wäre ärmer, wenn Sie nicht auf Ihre einmalige Weise Gott zum Ausdruck bringen würden. Sie sind ein fleischgewordenes Wort Gottes. Psalm 139,13-14 sagt: „Du hast alles in mir geschaffen und hast mich im Leib meiner Mutter geformt. Ich danke dir, dass du mich so herrlich und ausgezeichnet gemacht hast!" (NLB). Selbstwertgefühl meint dieses Gespür für das einzigartige Bild Gottes, das ich bin. Das Wort, das Gott nur in mir und durch mich spricht. Ein Kind entwickelt ein starkes Selbstwertgefühl, wenn es in seiner Einmaligkeit von den Eltern angenommen wird, wenn es sein darf, wie es ist. In der Originalität liegt unsere Ähnlichkeit mit Gott, der sich als der ICH BIN offenbart hat. Ein wunderbares, wertvolles und kostbares Kind kann zum unzufriedenen und misstrauischen Erwachsenen werden, wenn es das Gefühl für seine Einmaligkeit verloren hat. Dieses Gefühl definiert sich am besten durch den Satz des Apostels Paulus: „Ich bin, der ich bin – durch Gottes Gnade" (siehe 1. Korinther 15,10). In unserer Einmaligkeit liegt unsere Ähnlichkeit mit Gott, der sich in ihr offenbart. Wir können dann hoffentlich öfter darauf verzichten, uns mit anderen zu vergleichen.

Der Philosoph Kierkegaard prägte den Ausdruck: „Alle Not kommt vom Vergleichen." Ich werde nie so Theater spielen können wie Romy Schneider oder Gerd Voss. Ich werde auch nie so sprechen können wie Andreas Malessa oder Roger Willemsen. Aber dies darf und soll auch nicht mein Ziel sein. Ist es das, werde ich ständig unzufrieden sein.

Um wie viel kreativer wären wir, wenn wir in unserer Ausbildung nicht auf ein genormtes Ziel hinsteuern würden, sondern einfach von der einzigartigen Persönlichkeit eines jeden ausgehen würden. Ich bin ich! Diese Tatsache beginnen wir erst im Laufe der Jahre in der Beziehung mit Gott zu begreifen. Er hat uns genau so gewollt, wie wir sind.

Unter 6 Milliarden Menschen sind Sie nur einmal zu finden. Darauf können Sie vertrauen. Glauben Sie, dass Gott

Sie mag? Glauben Sie, dass Gott Sie genießt? „Gott liebt dich" ist für mich schon so abgedroschen, dass ich den Inhalt gar nicht mehr wahrnehmen kann. Aber stellen Sie sich einmal vor, dass Gott Sie mag!

Glauben Sie, dass Gott Sie mag? Glauben Sie, dass Gott Sie genießt?

Wir vergleichen unsere Schwächen oft mit den Stärken von anderen, ohne zu bedenken, dass der andere Schwächen hat, wo wir stark sind. Dann fühlen wir uns unfähig oder unqualifiziert. Eine der wichtigsten Tugenden liegt daher darin, sich nicht länger zu vergleichen. Paulus beschrieb dies bereits vor 2000 Jahren im Neuen Testament (2. Korinther 10,12).

Echtheit kommt, wenn wir aufhören, uns mit anderen zu vergleichen, wenn wir nicht mehr versuchen etwas zu sein, was wir nicht sind. Das Vergleichen und die Unzufriedenheit lähmen unseren eigenen Ausdruck. Erst wenn wir unsere Persönlichkeit akzeptieren, können wir sie auch in unserem Leben zum Blühen bringen.

Im Leben schielen wir oft auf andere, die es besser machen. Schlimm, wenn der Pastor dann auch noch die Vorzeigechristen auf die Bühne bittet, auf dass wir nun alle so werden wie sie ... Ein Vergleich zwischen zwei Menschen ist genauso wenig möglich wie zwischen einer Birne und einer Zitrone. Niemand würde auf die Idee kommen zu sagen: „Die Zitrone ist aber saurer. Die Birne ist röter." Genauso wenig würden wir sagen: „Schade, van Gogh hat nicht die gleiche Technik wie da Vinci." Das würde uns absurd erscheinen. Nein, wir akzeptieren, dass van Gogh van Gogh ist und da Vinci da Vinci. Wir würden niemals von dem einen erwarten, mehr wie der andere zu malen. Doch wie oft sind wir damit beschäftigt, uns mit anderen zu vergleichen, anstatt die positiven Seiten von uns selbst und anderen wertzuschätzen?!

Im Folgenden schlage ich Ihnen wieder verschiedene Experimente vor. Je nach persönlicher Situation lohnt es sich, über längere Zeit ein bestimmtes Thema zu vertiefen. Die Fülle von Anregungen lädt zum Auswählen ein.

„Treue zu mir selbst – gegen die Tyrannei der verkrampften Selbstbeobachtung"
Gerade auf großen Festen, Geburtstagsfeiern, Premieren, wo wir gut rüberkommen wollen, haben wir oft das Gefühl, neben uns einen Beobachter stehen zu haben, der oberlehrerhaft und nörgelnd an uns herumkritisiert. Diese Kritik nimmt uns jegliche Freude und Spontaneität. Und sie beginnt schon, bevor wir etwas getan haben. Der innere Beobachter bewegt uns dazu, uns von anderen zurückzuziehen, ohne dass es einen Anlass geben muss.
Wenn Sie sich das nächste Mal mit Menschen treffen, versuchen Sie, sich selbst treu zu bleiben. Schon bei der Begrüßung achten Sie darauf, dass Sie dem kritischen Beobachter keinen Raum geben. Bleiben Sie bei sich, mit allen Ihren Vorzügen und Schwächen. Erst wenn wir uns im Leben hingeben können und aufhören, uns dabei selber zu kritisieren, können wir frei sein.
Nehmen Sie auch die freundlichen Signale Ihres Gegenübers auf. Wann immer Sie dazu neigen, sich selbst wieder zu verlassen und sowohl sich selbst als auch die andere Person kritisch zu analysieren, dann sagen Sie sich den Satz: „Ich bin, was ich bin, und ich bleibe mir selbst treu."
Versuchen Sie, nach der Übung ein wenig Ihre Gefühle zu ordnen. Wie ist es Ihnen gelungen, bei sich zu bleiben? Wie konnten Sie Konkurrenzdenken ausschalten?
Echtheit kommt, wenn man sich nicht vergleicht, wenn man Mut zur eigenen Person, zur Originalität hat. Wir sind einzigartige Persönlichkeiten, für einen ganz bestimmten Sinn erschaffen.

Positiv reden

Versuchen Sie einen Tag lang, keine negativen Äußerungen über sich und andere zu machen.

> Was finden Sie an Ihren Freunden einmalig?

_____

_____

Sagen Sie es Ihnen!
Bei der Begegnung mit unsympathischen Menschen machen Sie es sich zur Aufgabe, positive Eigenschaften an ihnen zu entdecken. So werden Sie auch diese Menschen einmal verstehen können. Wie ergeht es Ihnen dabei?
Schauspieler müssen sich oft eine fremde Rolle aneignen. Ein Alkoholiker, eine Prostituierte, ein Mörder – jemand, der weit weg von unserer eigenen Persönlichkeit liegt. Das gelingt nur, wenn man sich dabei an folgenden weisen Rat hält: „Urteile nie über jemanden, wenn du nicht einen Mond lang in seinen Mokassins gegangen bist" (indianisches Sprichwort). Man hört auf, sich selbst und andere mit überkritischen Augen zu betrachten.

> Wann vergleiche ich mich mit anderen und wieso?

_____

_____

> Wo bin ich besonders? Einmalig (so wie Gott mich gemacht hat)? Was kann ich besonders gut?

_____

_____

Nachdem ich dreißig Jahre auf der Bühne stand und den guten Kritiken immer noch keinen Glauben schenken wollte, sagte Gott zu mir: „Eva-Maria, es wird Zeit, dass du dir selbst sagst, wie gut du wirklich bist!"

Wo ist der andere besonders?

_____

_____

Vergessen Sie nicht, Ihrem Körper etwas Gutes zu tun. Haben Sie genügend Zeit zum Kuscheln?

Text-Meditation

Richard Foster hat ein paar Schlüsselsätze der Bibel paraphrasiert. Versuchen Sie einmal, diese Gedanken zuzulassen als Wahrheit, die Sie wirklich glauben.

> Von Anbeginn der Welt habe ich dich bei deinem Namen gerufen,
> du bist mein und ich bin dein.
> Du bist mein geliebtes Kind,
> an dem ich Wohlgefallen habe.
> Ich habe dich im Verborgenen gemacht,
> in den Tiefen der Erde,
> dich gebildet in meinem Mutterleib.
> Ich habe dich in meine Handflächen eingezeichnet.
> Ich beschirme dich.
> Ich bin stolz darauf, dass du das Geschenk des Glaubens angenommen hast.
> Ich bin stolz darauf, dass du, nachdem ich dich zuerst erwählt habe, nun auch mich als deinen Freud angenommen hast.
> Ich habe nie von dir erwartet, dass du perfekt bist.
> Ich liebe dich, ich liebe dich, ich liebe dich und nichts wird sich daran ändern.

EXPERIMENT 16

Vom Loslassen der unerfüllten Restetappe

„Nicht auf die verschüttete Milch sehen, sondern auf die vollen Milchtöpfe."
Viktor Frankl

Während meiner Zeit am Burgtheater haben mein Mann und ich nebenberuflich Theologie studiert. Wir dachten, wir würden damit vielleicht eines Tages sogar in die Entwicklungshilfe in die sogenannte Dritte Welt gehen können. Ich studierte aber auch als Ausgleich, um eine innere Gegenwelt zu haben, damit sich nicht alles nur um das Theater drehte. Das funktionierte gut. Aber das höhere Ziel der Entwicklungshilfe klappte ganz und gar nicht. Wir schrieben an die fünfzig Briefe an entsprechende Organisationen. Entweder wir erhielten gar keine Antwort oder es kam eine mit immer demselben Tenor: „Danke, nein, Schauspieler können wir auf dem Missionsfeld nicht gebrauchen." Natürlich waren wir zuerst enttäuscht, gekränkt. Wir fanden es unfair. Später erkannte ich darin auch eine Führung Gottes für unser Leben, in unserer Arbeit zu bleiben. Aber der Schlüssel der Verarbeitung lag woanders. Es gab in diesem Prozess eines blockierten Zieles ein ganz besonderes Gold zu entdecken.

Wir alle kennen die Situation: Wir begreifen eine Aufgabe als sinnvoll. Wir setzen uns ein durchaus angemessenes Ziel, doch dann kommt unvorhergesehener Widerstand. Das ist noch lange kein Grund, ein Ziel aufzugeben, manchmal sogar im Gegenteil. Aber wenn die Bewerkstelligung dieser Aufgabe durch unabänderliche Faktoren blockiert wird, muss eine Umdeutung geschehen. Es geht dann um das Loslassen der unerfüllten Restetappe.

Meine Schwägerin hat Gesang studiert, wollte aber auch unbedingt Kinder bekommen. Das war ihr leider nicht geschenkt. Also beschloss sie, ihre Gesangskarriere aufzugeben, um eine hingebungsvolle und begeisterte Kindergärtnerin zu werden. So konnte sie ihr Leben den Kindern widmen. Das war ihr erstes Ziel. Die unverwirklichbare Restetappe musste sie loslassen.

Es geht hier um die Unterscheidung zweier ganz unterschiedlicher Stadien in unserem Leben. Beide Stadien sind gleich wichtig und wertvoll. Im Stadium 1 geht es um das maximale Annähern an ein sinnvolles Ziel.

Warum maximal? Erst wenn wir versucht haben, ein Ziel mit all den uns zur Verfügung stehenden Möglichkeiten zu erreichen, können wir es auch wieder loslassen. Erst nachdem ich alles versucht hatte, um meine Eltern zu gewinnen, konnte ich sie ihrem selbst gewählten Weg überlassen.

Im Stadium 2 geht es um das Loslassen der unverwirklichbaren Restetappe. Wir machen oft den Fehler, uns oder den anderen zu „trösten", indem wir das ursprüngliche Ziel entwerten – ganz nach dem Motto des Fuchses in Fontanes Fabel, dem die zu hoch hängenden Trauben „zu sauer" sind. Vielleicht muss ein Missionsleiter in der Dritten Welt, der das Tropenklima nicht verträgt, seinen ursprünglichen Plan aufgeben und nach Europa zurückkehren. Es ist kein Trost, ihm zu erklären, dass Entwicklungshilfe in Afrika sowieso nichts bringt. Nein, das ist kein Trost, denn damit vermiest man ihm ein hohes Ideal.

Auch ich hätte mein gesamtes Theologiestudium als sinnlos ansehen können, nachdem es mit der Mission nicht klappte.

Das war es aber nicht. Mein Studium war keine „verschüttete Milch", keine vergeudete Zeit. Viel eher ist es so: Hat man im Hinblick auf ein sinnvolles Ziel sein Möglichstes getan, dann hat man seine Aufgabe maximal erfüllt, auch wenn sie real nicht vollbracht werden konnte.

Das sind die vollen Milchtöpfe, auf die ich sehen kann. Warum ist es so wichtig, sich von dieser Spannung zwischen real vollbracht und „nur" angestrebt zu befreien? Warum ist es so wichtig, sich immer wieder klarzumachen, dass die maximal angenäherte Erfüllung eines Sinns gleich viel wert ist wie die tatsächliche Erfüllung? Nur so sind der Kopf und das Gemüt wieder frei zur Anpeilung neuer sinnvoller Aufgaben. Statt in der Empörung über das Hindernis stecken zu bleiben, ist erst durch das Loslassen eine Umorientierung möglich. Wichtig ist hier sozusagen ein Absegnen und Gutheißen der Teilergebnisse im Nachhinein.

Als der alte, erfahrene Gynäkologe mir nach der vierten Fehlgeburt sagte: „Frau Admiral, Sie haben alles Menschenmögliche getan. Sie haben alles richtig gemacht. Aber nun müssen Sie Ihren Körper lassen", war genau das meine Aufgabe. Dieser Satz war dieses nachträgliche Absegnen des Weges, der nun zu Ende ging. Damit war das Gemüt frei, einen neuen Weg zuzulassen.

Wenn allerdings ständig das Angestrebte, aber nicht Vollbrachte ins Gedächtnis drängt, schrumpft der Platz für Neues. Das Gehirn meldet dann: „Arbeitsspeicher belegt". Wenn unsere Gedanken ständig um das nicht Verwirklichbare kreisen, können wir uns nicht auf die vor uns liegenden Aufgaben und Möglichkeiten konzentrieren.

Professor Kuhl vom Max-Planck-Institut hat das anschau-

Hat man im Hinblick auf ein sinnvolles Ziel sein Möglichstes getan, dann hat man seine Aufgabe maximal erfüllt, auch wenn sie real nicht vollbracht werden konnte.

lich in einem Versuch vorgeführt. Teilnehmer der Studie wurden mit leicht lösbaren mathematischen Aufgaben konfrontiert. Die Hälfte der Gruppe hatte allerdings zuvor unlösbare mathematische Aufgaben vorgelegt bekommen. Es zeigte sich, dass die Hälfte der Gruppe, die vorher an unlösbaren Aufgaben geknabbert hatte, bei den leichten Aufgaben stark leistungsbeeinträchtigt war. Kuhl fand heraus, welche Personen dabei komplett scheiterten: Es handelte sich um diejenigen, deren Gedanken ständig um das Nichtverwirklichte kreisten – um die „verschüttete Milch". Dadurch war ihr Gedächtnis dermaßen belastet, dass sie sich kaum auf etwas anderes konzentrieren konnten.

Ich habe mich jahrelang damit gequält, warum eine versöhnte Beziehung mit meiner Familie nicht möglich und nicht gewollt war. Meine Nächte waren geprägt von endlosen Grübeleien, vom Wiederholen einzelner Sätze und Gedanken, die sich ständig im Kreis drehten, mit Fragen wie: Warum? Wie ist das passiert? Wieso kann es kein gutes Ende nehmen? Ich war damals „lageorientiert". Ich hing mit meinen Gedanken ständig an der momentanen Lage. Wie sind die Umstände? Wie bin ich in diese Lage hineingeraten? Unentwegt sah ich nur darauf.

Lageorientierte Menschen hängen ohne Unterlass vergangenen unangenehmen Situationen nach mit der Frage, wie sie da hineingeraten sind und warum sie sich nicht tüchtiger bewährt haben. Im Kontrast dazu richten handlungsorientierte Personen ihre zentrale Aufmerksamkeit auf das Gegenwärtige. Anstehende Dinge, die den Fortgang behindern, blenden sie in dem Moment der Herausforderung weitgehend aus.

Die Gefahr ist also, dass wir unsere Aufmerksamkeit vorwiegend auf die „verschüttete Milch" richten statt auf die vorhandenen Milchtöpfe. Wir können ständig damit beschäftigt sein, über vergangene Fehlschläge zu grübeln. Diesen Teufelskreis durchbrechen wir erst, wenn wir es schaffen, zu einer neuen Sinnorientierung zu kommen. Das gelingt aber nur durch das (provisorische) Akzeptieren der gegebenen Lage, wie sie ist. Erst damit kann sie kognitiv abgehakt werden. In jedem von uns steckt eine geistige Kraft, sich aus den Fängen der Vergangenheit und den Ängsten zu befreien – allen Verstrickungen zum Trotz.

Rosa, eine Freundin von mir, wollte ebenfalls immer in die Dritte Welt. Aufgrund ihrer familiären Situation war ihr das nie möglich. Sie hat das „provisorisch" akzeptiert und war ihr Leben lang für ihre Familie da, in ihrem Beruf und ihrer Gemeinde engagiert. Heute ist sie 62 Jahre alt und erhält eine kleine Rente. Damit ist es ihr möglich, in einem Kinderheim in Uganda zu arbeiten.

Wir haben uns möglicherweise maximal einem Ziel angenähert, aber nun gilt es, die Restetappe loszulassen, die durch unabänderliche Faktoren nicht mehr zu erreichen ist. Wir bleiben nicht lageorientiert, indem wir auf das sehen, was nicht mehr zu erreichen ist. Wir sind handlungsorientiert. Wir richten unser zentrales Augenmerk auf das jeweils gegenwärtig Anstehende, das wir anpacken. Wir gehen den nächstmöglichen Schritt.

Wie sah Ihre maximale Annäherung an
Ihr sinnvolles Ziel aus?

Welche unverwirklichbare Restetappe müssen Sie
loslassen aufgrund unabänderlicher Tatsachen?

Wo starren Sie noch immer auf Ihre Lage, anstatt handlungsorientiert zu sein?

_____
_____

EXPERIMENT 17

Das beste Mittel gegen die unerklärliche Unzufriedenheit

Die größte Herausforderung unseres Lebens ist, dort gegenwärtig zu sein, wo wir sind.

Unsere innere Spannung rührt nicht nur daher, weil wir ein sinnvolles Ziel nicht erreichen. Nein, es gibt auch eine immerwährende, unterschwellige Angst unserer Zeit: die Angst, etwas zu verpassen. Unsere Kultur ist davon geprägt. In den sozialen Medien wird uns täglich vorgeführt, welche tollen Sachen andere erleben. Am Abend nach der Vorstellung sitze ich allein in meinem Hotel und auf Facebook sehe ich die Geburtstagsparty einer Freundin. Ich fühle mich sofort einsam. Schlimmer noch, wenn ich nicht einmal eingeladen bin. Unsere Zeit ist geprägt durch eine unerklärliche Unzufriedenheit. Wir möchten gern im gleichen Moment an zehn verschiedenen Orten sein. Ja, ich möchte meine Auftritte nicht missen, möchte aber auch gleichzeitig alle sozialen Anlässe und Beziehungen mitbekommen. Wir glauben, anderen Menschen würde dies gelingen. Wir glauben, die anderen hätten das im Griff. Wir möchten gern jemand anderer oder woanders sein.
In Psalm 16 steht als Gegengewicht ein Manifest für das Leben in Zufriedenheit. Ja, es gibt einen Gott, und ich bin

nicht Gott. Wir glauben, wir hätten doch so viel mehr verdient. Wir glauben, wir wüssten, was uns Zufriedenheit bringt. Doch die großartige Gehirnforschung der vergangenen Jahrzehnte hat bewiesen, wie komplett falsch wir einschätzen, was uns glücklich macht.
Menschen glauben, mehr Dinge oder Geld würden glücklich machen. Das wurde längst sowohl von der Glücksforschung als auch durch die Gehirnforschung der letzten zehn Jahre widerlegt. Nein, durch mehr Dinge oder mehr Geld werden keine längerfristigen Glückshormone ausgeschüttet. In Psalm 16 werden wir aufgefordert, immer wieder zu vertrauen, dass wir nicht zu kurz kommen, dass wir nicht übersehen wurden. Gott hat uns einen bestimmten Sinn gegeben:

> Du, Herr, gibst mir das Erbe und reichst mir den Becher; du hältst mein Los in deinen Händen. Auf schönem Land fiel mir mein Anteil zu. Ja, mein Erbe gefällt mir gut. Ich preise den Herrn, der mich beraten hat. ... Er steht mir zur Rechten, ich wanke nicht. Darum freut sich mein Herz und frohlockt meine Seele. ... Du zeigst mir den Pfad zum Leben. Vor deinem Angesicht herrscht Freude in Fülle, zu deiner Rechten Wonne für alle Zeit (Verse 5-9.11; EÜ).

Gott verspricht uns hier, dass er uns ein schönes „Erbe" zugeteilt hat, einen schönen „Platz", „volle Milchtöpfe". Aber es gibt auch Grenzen, zumindest auf dieser Seite der Ewigkeit. Grenzen, die wir uns zumeist nicht selbst ausgesucht haben. Meine Grenze setzt mir unter anderem meine Gesundheit. Ja, ich kann mein Augenmerk darauf legen, was ich alles nicht kann. Ich kann meine Krankheit aber auch als eine gesunde Grenze sehen, eine gesunde Bremse, die mich dazu zwingt, immer wieder zu reflektieren.
„Du zeigst mir den Pfad zum Leben." Es geht hier um die

Vision, die Gott für mein Leben hat, um seine Parameter. Manchmal verachten wir den Kelch, den Gott uns gibt. Wir haben Angst, dabei das Leben zu versäumen. Wir glauben, wir verpassen wichtige Erlebnisse. Wir glauben, wir sollten ein aufregenderes Leben führen, voller Facebook-Höhepunkte. Aber das Leben besteht nicht aus Facebook-Höhepunkten. Was ist das beste Gegenmittel gegen diese Art der fruchtlosen Unzufriedenheit? Vollkommen gegenwärtig zu sein im momentanen Leben! Genau in dem zu sein, was wir gerade tun, was jetzt gerade ist. Wir können üben, genau da zu sein, wo wir jetzt sind, und nur hier.

Der beste Ort, um zu sein, ist der Ort, an dem ich jetzt im Moment bin. Der einzige Ort, wo ich jetzt im Moment sein kann, ist da, wo ich jetzt bin. Es ist eine geistliche Übung, da zu sein, wo ich jetzt im Moment bin.

Wir befinden uns in einem Hamsterrad, das sich niemals verlangsamen soll. Aber wir können auch mit Gott gehen. Wir können sinnvolle Schritte im Hier und Jetzt machen. Wir können uns dann auch bewusst von dem abwenden, was nicht glücklich macht. Wir können uns vor der Gier nach mehr schützen. Diese Gier danach, mehr zu besitzen, dominiert unsere westliche Gesellschaft. Doch im Gegenteil: Geiz ist nicht geil. Geiz ist unter der Würde des Menschen. Wir sind dazu geschaffen, großzügig zu sein.

Der beste Ort, um zu sein, ist der Ort, an dem ich jetzt im Moment bin. Der einzige Ort, wo ich jetzt im Moment sein kann, ist da, wo ich jetzt bin.

Wir Christen sind aufgerufen, eine andere Art der Zufriedenheit zu finden. Wir haben alle genug. Wir haben genug Geld. Wie die Glücksforschung sagt: Sobald eine gewisse Geldstufe der Absicherung erreicht ist, macht mehr Geld nicht glücklich. Und die Sie dieses Buch lesen, haben diese Geldstufe erreicht, sonst hätten Sie dieses Buch nicht kaufen können.

Die Medien dröhnen uns ununterbrochen in den Ohren, was wir alles brauchen: ein neues iPad, ein schnelleres Smartphone, ein hochfunktionales Küchengerät. Aber nichts, was wir in unserem Leben kaufen können, wird jemals unsere Sehnsucht erfüllen. Die entscheidende Frage an uns ist vielmehr: Wie oft lachen wir pro Tag? Wie oft lieben wir pro Tag? Daraus besteht ein reiches Leben!

Wann waren Sie das letzte Mal begeistert?

_____

_____

Meine Herkunftsfamilie lebt wie die meisten reichen Menschen in der ununterbrochenen Angst, etwas zu verpassen. Vor allem, neue Investitionsmöglichkeiten zu verpassen. In einem Interview wurde mein Bruder gefragt, was das wichtigste Merkmal eines erfolgreichen Unternehmers sei. Er antwortete sinngemäß: „Das Wichtigste ist, niemals, niemals stehen zu bleiben. Es ist nie genug. Es muss immer mehr werden. Das Ziel ist, nie zur Ruhe zu kommen und nie stehen zu bleiben." Im Gegensatz dazu können wir als glaubende Menschen unseren Grenzen vertrauen.

Ich dachte, ich wüsste genau, was mich glücklich macht: eine große Karriere als Schauspielerin. Doch das stimmt nicht. Wir glauben, wir wissen, was wir haben sollten, was wir werden sollten. Viele sind davon überzeugt, den Weg eines anderen Menschen einschlagen zu müssen, jemand anderer werden zu müssen. Aber Gott schlägt etwas anderes vor. Da sein. Wir selbst sein.

Die größte Herausforderung unseres Lebens ist:
1. dort gegenwärtig zu sein, wo wir sind;
2. der zu sein, der wir sind.

Der grandiose Songwriter Paul Field, der zahlreiche Welthits geschrieben hat, hat mit Größen wie Rebecca St. James, Jaci Velasquez, Point of Grace oder Phil Keaggy zusammengearbeitet. Er hat auch das Lied „Being myself" geschrieben:

> *Being myself*
> I try to be patient, I try to be kind
> But I'm short of the mark, most of the time
> I can be generous and I can be mean
> Mostly I fall down the cracks in between
> I'm too good for the sinners, too bad for the saints
> I'm tired of pretending to be something I ain't
> I've spent most of my life, trying to be someone else
> Now I'm spending the rest just being myself
> Sometimes it's easy, sometimes it's hard
> Some days I'm ready, some days I'm off guard
> But I can put on a brave face and wear the disguise
> I know how to smile when I'm crying inside
> I'm too good for the sinners, too bad for the saints
> I'm tired of pretending to be something I ain't
> I've spent most of my life, trying to be someone else
> Now I'm spending the rest just being myself
> I try to be righteous, I try to be good
> But my best intentions get misunderstood
> I thought getting older would make me more wise
> But it still hasn't happened as hard as I try

> *Ich selbst sein*
> Ich versuche geduldig zu sein, freundlich
> Aber ich schaffe es meistens nicht

Ich kann großzügig sein oder geizig
Meistens liege ich irgendwo dazwischen
Ich bin zu gut für die Sünder, zu schlecht für die Heiligen
Hab keine Lust mehr, so zu tun, als wäre ich etwas, das ich nicht bin
Mein halbes Leben versuche ich schon, jemand anderer zu sein
Manchmal ist es leicht, manchmal schwer
Manchmal liege ich richtig, dann voll daneben
Aber ich kann gute Miene zum bösen Spiel machen und eine Maske aufsetzen
Ich weiß, wie man lächelt, wenn man innerlich weint
Ich bin zu gut für die Sünder, zu schlecht für die Heiligen
Hab keine Lust mehr, so zu tun,
als wäre ich etwas, das ich nicht bin
Mein halbes Leben versuche ich schon,
jemand anderer zu sein
Jetzt verbringe ich den Rest damit,
einfach nur ich selbst zu sein
Ich versuche rechtschaffen zu sein, gut
Aber meine besten Absichten werden missverstanden
Ich dachte, je älter ich werde, desto weiser werde ich auch
Aber das ist bisher nicht der Fall, wie sehr ich es auch versuche

Wer bin ich nicht? Nein, ich bin nicht wie mein Vater. Ich bin nicht wie meine Mutter. Ich bin auch nicht wie mein Bruder. Ich bin auch nicht so, wie sie mich gewollt hätten. Ich werde nie so sein.
Wer bin ich? Ich mache mein Bett nicht. Ich liebe Süßigkeiten. Ich bin Christin. Ich lese gern. Ich glaube, wir können die Welt verändern, indem wir glauben. Viele Jahre lang wollte ich hübscher, weniger kompliziert, weniger ängstlich, härter sein. Aber es brachte mir einen großen inneren Frie-

den, als ich aufhörte, jemand anderer sein zu wollen. Als ich begann, das zu lieben und zu schätzen, wie Gott mich gemacht hat, in kleinen und in großen Dingen.
Wenn wir den Rest unseres Lebens versuchen, jemand anderen zu imitieren, versäumen wir so viel. Das Leben eines anderen zu leben, von jemandem, der beeindruckender ist als wir, ist sehr anstrengend. Wir verpassen dann das Abenteuer, das Gott für uns vorbereitet hat. Wir können keine Zufriedenheit erleben, wenn wir nicht wir selbst sind. Wenn wir jemand anderer sein möchten, dann entehren wir die Kreation, die Gott gemacht hat. Wir können eine tiefe Zufriedenheit nur dann erlangen, wenn wir den Kelch trinken, den Gott für uns gedacht hat.
Es gibt ein Geschenk des Lebens an uns. Der Auftrag für uns ist, dort gegenwärtig zu sein, wo wir uns gerade befinden, und diejenigen zu sein, die wir wirklich sind.

Wie können Sie da gegenwärtig sein, wo Sie jetzt im Moment sind?

_____

_____

Wie können Sie der sein, der Sie sind?

_____

_____

„Und Jesus trat herbei, rührte sie an und sprach: Steht auf und fürchtet euch nicht!" (Matthäus 17,7; ELB). Die Gedanken, die Gott damit ausdrückt, könnte man auch so umschreiben:

> Ich habe wunderbare Dinge für dich heute vorbereitet.
> Ermutige dein Herz.
> Das Handeln meines Geistes
> ist wie das Rauschen eines mächtigen Windes.
> Alles wird berührt und verwandelt.
> Du hast meinen Geist und er wohnt in dir.
> Wunder und Zeichen gibt es überall,
> dennoch gibt es wenige, die wirklich glauben.
> Zweifle niemals an der Kraft meiner Liebe!
> Viele Segnungen fallen dir zu,
> wie der Regen, der auf die Erde fällt.
> Ich höre deine Gebete.
> Ich habe dich niemals alleine gelassen.
> Ich werde jeden Herzensruf beantworten.
> Du bist wertvoll für mich
> und die du liebst, sind wertvoll für mich.
> Dein liebevolles, gnadenvolles Herz hat das meine berührt:
> Dein Verhandeln mit mir ist ehrenvoll,
> und ich sage dir,
> ich werde mein Wort in dir erfüllen.
> Ermutige dich.
> Erwarte heute große Dinge.

(Siehe auch Apostelgeschichte 2,2; Jeremia 9,24; Offenbarung 8,3-4; Jesaja 1,18; 1. Könige 8,56; Psalm 62,7.)

EXPERIMENT 18

Auf die ureigene Stimme hören

Was will das Leben, das in mir ist,
zum Ausdruck bringen?

Die Wende im Leben des jungen Mannes aus Experiment 6 kam, als er nicht mehr darüber nachdachte, was für eine schlechte Kindheit er hatte, sondern sich fragte, was er für andere Kinder in ähnlichen Nöten tun könne. Das Beispiel zeigt, dass wir viel mehr Liebe geben können, als wir empfangen haben. Die Aufgabe, die wir uns stellen, sollte in gewisser Weise „transzendent" sein in Hinblick auf die Welt, mit der wir um uns herum zu tun haben.
Wir könnten uns natürlich auch die Aufgabe stellen, „reich und berühmt" zu werden. Sehen wir uns die Vorbilder an, die uns die Gesellschaft heute dafür liefert: Dieter Bohlen, die Geissens, die Kardashians, Donald Trump. In einer Umfrage, was Kinder später einmal werden wollen, stand an erster Stelle „berühmt" bzw. „ein Star" werden. Viele denken: „Wenn ich ins Fernsehen komme, dann habe ich es geschafft!" Aber das führt weder zu einer Persönlichkeit noch zu Erfüllung. Die Aufgabe, die man sich stellt, muss schon eine bestimmte Qualität haben. Ich glaube, dass Dinge wie Erfolg oder Berühmtheit Nebeneffekte sind. Sie können sich manchmal einstellen, kommen wie ein Geschenk hinzu, wenn sich jemand für etwas engagiert.

Wenn jemand etwas zu sagen hat, dann wird man ihn vielleicht zum Fernsehen holen. Aber darum geht es nicht in erster Linie. Wenn man den Nebeneffekt zu erhaschen versucht, wird man ihn nicht bekommen. Wenn wir reifen wollen, müssen wir Entscheidungen treffen. Man könnte auch sagen, unsere Persönlichkeit ergibt sich aus den Entscheidungen, die wir treffen. Es sind die Antworten, die sich auf die Fragen, die das Leben stellt, ergeben. Die das Leben an uns herangetragen hat. Die Fragen selbst haben wir uns nicht ausgesucht.

Unsere Persönlichkeit ergibt sich aus den Entscheidungen, die wir treffen.

Nun geht es darum, ob wir gut geantwortet haben – liebevoll über unseren Tellerrand hinausschauend geantwortet haben. Das ist die Kunst der Selbsttranszendenz, die Kunst, sich selbst zu überschreiten. Die Selbsttranszendenz wird am besten am Beispiel des Auges erklärt. Das ist dann gesund, wenn es alles sieht, sich selbst aber nicht. Es sieht nur nach außen in die Welt. Nur ein krankes Auge sieht einen Teil von sich selbst wie eine Wolke oder einen Schatten. Ganz ähnlich überlegt ein stabiler Mensch nicht immer, was er von dieser oder jener Sache hat, sondern er kümmert sich um einen Inhalt, der ihm wichtig ist und für den er da ist. Unsere Herausforderung ist es, die richtigen Antworten zu geben auf die Fragen, die das Leben stellt.

Aber woher bekommen wir die richtigen Antworten? Nur zu sagen: „Aus der Bibel", ist zu wenig. Früher war das Leben viel mehr vorgezeichnet, auch durch gesellschaftliche Normen, welchen Beruf man ergreift, wen man zu heiraten hat etc. Heute ist man da sehr viel freier und die Entscheidungsfindung wesentlich schwieriger. Deswegen müssen wir zwischen den vielen Stimmen, die wir hören, unterscheiden. Zwischen den vielen Ratgebern, die sagen, wie das Leben geht.

Wie weiß ich, was für mich die richtige Antwort ist? Hundertprozentig wird man es wahrscheinlich nie wissen, aber es gibt

eine innere Stimme im Menschen, die ganz ureigene innere Stimme, die durchklingt, wie wenn wir abhören, was uns gesagt wird – wie auf einem Anrufbeantworter. Sie hören die Nachricht, die in Ihre Seele gesprochen ist, ab, sobald Sie zu sich nach Hause finden. Die Schlüsselfrage ist hier: Was will das Leben, das in mir ist, zum Ausdruck bringen?
Und auf diese Stimme ist Verlass! Wir sollten uns nicht fremdbestimmen lassen durch das, was andere sagen. Es kann gut gemeint sein, kann für andere passen. Muss aber nicht für uns bestimmt sein. Als Christen sagen wir, wir haben ein Gewissen. Viele bezeichnen dieses Gewissen als Stimme Gottes. Aber das wäre zu kurz gegriffen. Das Gewissen gibt uns zwar die Maßstäbe der Zehn Gebote vor. Aber es kann uns auch fälschlicherweise „Tag und Nacht" anklagen. Es ist leider verführbar für ungerechtfertigte Anklagen und Einflüsterungen. Der Teufel stiehlt, schlachtet und vernichtet. In der Offenbarung erfahren wir, dass er uns bei Gott ständig anklagt: „Denn hinabgeworfen ist der Verkläger unserer Brüder, der sie Tag und Nacht vor unserem Gott verklagte" (Offenbarung 12,10; ELB). Und in 1. Petrus 5,8 heißt es: „Seid nüchtern, wacht! Euer Widersacher, der Teufel, geht umher wie ein brüllender Löwe und sucht, wen er verschlingen kann" (ELB). Die innere Stimme richtet sich zwar sehr wohl nach den Geboten, aber die Gebote allein sind nicht die innere Stimme. Und Achtung: Es gibt auch andere Stimmen in uns, die uns anklagen, verachten. „Daran erkennen wir, dass wir aus der Wahrheit sind, und können vor ihm unser Herz überzeugen, dass, wenn uns unser Herz verdammt, Gott größer ist als unser Herz und erkennt alle Dinge" (1. Johannes 3,19-20; LUT).
In der Seelsorge kann man feststellen, dass die ureigenste innere Stimme wirklich verlässlich ist. Sie ist zumindest das Gewisseste, was wir in uns haben. Deshalb kann nichts Besseres passieren, als dass Menschen mit ihrer eigenen inneren Stimme in Verbindung kommen. Denn dann wissen sie

ihren Weg und können ihn auch gehen – sie müssen sich allerdings noch dafür entscheiden.

Man könnte diese innere Stimme am ehesten mit einem Kompass vergleichen, dessen Nadel immer nach Norden zeigt. Ganz ähnlich zeigt diese innerste Instanz immer auf das Sinnvollste, was wir gerade tun können. In jeder Situation, in der wir gerade stehen. Natürlich kann die Nadel auch abweichen. Die innere Stimme ist immer noch ein subjektives Sinn-Organ (im doppelten Sinne). Deshalb kann man sich auch täuschen. Man hält etwas für sinnvoll. Später stellt es sich als Irrtum oder Fehleinschätzung heraus, aber das sind nicht die großen Probleme. Die großen Probleme entstehen, wenn man nach Süden geht, obwohl der innere Kompass genau die richtige Richtung gezeigt hat und anders rät. Doch man handelt nicht danach, weil der Süden bequemer, leichter, aus irgendeinem Grund verlockender ist. Wir haben viele Stimmen in uns, eben nicht nur diese tiefe, innere Stimme.

Es gibt Stimmen, die sehr ähnlich klingen wie die innere Stimme: die Stimme der Angst, die Stimme des inneren Schweinehundes, die Stimme der verinnerlichten Autoritäten. Nehmen wir einmal die Stimme des inneren Schweinehundes, die sehr überzeugend sein kann. Morgens läutet der Wecker. Schon hören wir die innere Stimme: „Ich muss raus." Aber es gibt auch eine andere Stimme: „Dreh dich noch mal um." Hier gilt es, die verschiedenen Stimmen zu unterscheiden: „Weiterschlafen" spricht von der körperlichen Ebene, Lust und Unlust, früh, kalt, warm. Aber auf der höheren Ebene ist es eigentlich gar nicht unser Wunsch, den ganzen Tag liegen zu bleiben. Wir arbeiten vielleicht gerne oder die Arbeit ist uns wichtig. Auf einer höheren Ebene möchten wir also aufstehen. Bei diesem Beispiel fällt uns die Unterscheidung noch leicht. Aber wir hören natürlich auch die Einflüsterung der Werbung, der Medien, die viel Geld dafür ausgeben, unsere innere Stimme zu manipulieren. Wie erkennen wir, ob etwas die innere Stimme ist oder irgendeine andere Einflüsterung? Am besten in der Stille, wenn wir uns zurückziehen und in uns hineinlauschen. Ein sehr schönes Beispiel gibt uns Jesus in einem Moment, in dem es gar nicht möglich war, in die Stille zu gehen.

Jesus wird von den Pharisäern gefragt, was man mit der Ehebrecherin machen soll (Johannes 8,1-11). Nach dem Gesetz müsste sie gesteinigt werden. Egal wie Jesus auf diese Frage antwortet – er kann nur verlieren. Wenn er sagt: „Wir steinigen sie", dann wären seine Anhänger zutiefst enttäuscht. Dann wäre er nicht besser als jeder Gesetzeslehrer des Alten Testamentes. Wenn er aber sagt: „Wir lassen sie frei", dann wird er zum Gesetzesbrecher. Was macht Jesus also in diesem Moment? Er taucht ab, er entflieht der Situation. Er bückt sich, schaut auf den Sand und schreibt etwas. Er bleibt ganz bei sich, blickt sie nicht an. Dann schaut er auf und sagt den unschlagbaren, entwaffnenden Satz: „Wer schuldlos ist, der werfe den ersten Stein." Statt um sich zu blicken und die erste Reaktion abzuwarten, bückt er sich wieder und schreibt so lange in den Sand, bis alle gegangen sind. Er beschämt auch die Frau nicht. Die innere Stimme besteht also nicht einfach nur aus den „verinnerlichten Zehn Geboten", sondern geht weit darüber hinaus.

Für uns Menschen ist es wesentlich schwieriger, die Stimmen zu unterscheiden, vor allem wenn es Stimmen von Autoritäten sind, Stimmen von anderen, die sehr stark verinnerlicht worden sind, wie von Eltern oder Autoritätspersonen. Wer stark manipuliert wurde, für den ist es herausfordernd, eine fremde Stimme und die eigene auseinanderzuhalten. Solche Über-Ichs, die stark in uns hineingepresst wurden, sind schwer von der eigenen inneren Stimme zu unterscheiden. Deshalb ist es wichtig, sich auch einmal von anderen Einflüssen abzuschirmen. Ja, wir können zuerst dort Rat suchen, wo wir ihn finden. Dann gilt es, sich zurückzuziehen. Es hilft zum Beispiel eine Wanderung in der Natur. In dieser Ruhe können wir „es spüren lassen". Das ist wie ein Gespür, das aufkommt, das uns sicher macht: Das ist jetzt meine Stimme. Diese Erfahrung können wir auch im Gebet machen. Währenddessen oder danach kommt eine Erkenntnis. Wir erkennen das Wesentliche, worauf es wirklich ankommt. Auch können wir plötzlich die unterschiedlichen Quellen der Stimmen unterscheiden. Wir haben auch ein Versprechen von Gott dazu bekommen: „Ich kenne meine Schafe und sie kennen mich. Meine Schafe kennen meine Stimme" (siehe Johannes 10,4.14). Gott hat uns das Versprechen gegeben, mit uns so zu kommunizieren, dass wir ihn hören können. Darauf dürfen wir uns verlassen.

Hören Sie auf Ihr Sinn-Organ.
Was brennt Ihnen auf dem Herzen?

_____

_____

Welche anderen Stimmen nehmen Sie in sich wahr?

_____

_____

Was könnte Ihnen helfen, Ihre innere Stimme besser wahrzunehmen?

_____

_____

147

EPILOG

Vom letzten Schritt: der Königsweg

Gratulation! Sie haben das Buch bis hierher gelesen und hoffentlich auch ausprobiert. Ich weiß von mir selbst, dass dies herausfordernd und lebensverändernd sein kann. Sie befinden sich auf dem Königsweg zu einer heilen Persönlichkeit. Wir haben erlebt, dass wir nicht an unserer Vergangenheit kleben bleiben, auch nicht negative Muster wiederholen müssen, die wir mitbekommen haben. Wir können selbst an unserer Persönlichkeit bauen. Jetzt haben wir ein heiles Fundament. Willkommen zu Hause in Ihrem neuen Seelenstübchen! Das gilt es erst einmal zu feiern! Zu genießen! Mit dem neuen Fundament können wir leben. „Die Ehre Gottes ist der lebendige Mensch" (Irenäus von Lyon). Jetzt können wir das Schöne in der Welt entdecken und widerspiegeln.

Aber es gibt mehr: Mit unserem neuen Fundament können wir für die Welt um uns herum offen sein. Es muss sich nicht mehr alles um uns selbst drehen. Es gilt noch, das volle Leben zu ergreifen, das weit über uns selbst hinausgeht. Als Nächstes kommt ein Schritt, der nicht nur mit uns selbst zu tun hat. Ein Paradox, das sich kaum logisch erklären lässt. Nachdem wir unser „wahres Selbst" gefunden haben, können wir es auch wieder beiseitelegen. Es ist, wie wenn Sie Ihren Computer neu starten, bevor Sie nun an die Arbeit gehen. Sie geben ein neues Passwort ein, bevor Sie „anpacken". Bei mir lautet es „schon geliebt". Ich gehe also „schon geliebt" in den Tag. Mein Fokus liegt jetzt nicht mehr nur auf meiner Gesundung. Ich bin ja „schon geliebt", bevor ich überhaupt irgendetwas tue. Deswegen kann ich mich nun viel mehr auf die Welt um mich herum einlassen und für sie leben.

Ja, ich will eine heile Persönlichkeit werden. Aber was ist das wirklich, „eine heile Persönlichkeit"? Wenn man zu diesem Thema in die Ratgeberliteratur schaut, findet man Titel wie „Die Kunst, ein Egoist zu sein" – Bücher, die einem Tipps geben, wie man seine Ellbogen gebraucht, um seiner Mitwelt möglichst den eigenen Willen aufzuzwingen.

Ist das eine reife, heile Persönlichkeit? Nein, der letzte Schritt, der Königsweg, ist ein anderer. Eine reife, heile Persönlichkeit denkt gar nicht mehr viel über die eigene Person nach. Ein wirklich reifer Mensch kümmert sich um anderes, um Inhalte in dieser Welt. Er versucht, die Welt, die er vorfindet, in irgendeiner Form konstruktiv zu verändern! Er setzt sich auf dem Platz ein, wo er etwas leisten kann, was seinen Talenten entspricht. Er übernimmt eine Verantwortung, eine Aufgabe und gibt sich dieser Aufgabe hin. Damit ist auch schon gesagt, dass er kein reiner Egoist sein kann. Es geht ihm um etwas, das nicht wieder er selber ist. Es geht um eine Sache, eine Idee, eine Wissenschaft, einen Glauben, um die Umwelt, um andere Menschen.

Was macht also die heile, reife Persönlichkeit aus? Sicher nicht das Ellbogen-Durchsetzungsvermögen. Es ist ein Mensch, dem wir gerne zuhören, weil wir wissen, er spricht aus Erfahrung. Das sind Menschen, bei denen wir gerne Rat suchen. Das sind auch Personen, die selbstständig entscheiden und um ihren Freiraum wissen, egal wie die Situation ist. Auch wenn der Freiraum nur darin besteht, sich auf etwas Unausweichliches einzustellen, wie zum Beispiel den Tod – auf die Art und Weise, wie sie es für gut befinden. Ein weiteres Kriterium für eine reife Persönlichkeit ist: Sie hat ein weites Herz. Sie kann verzeihen, barmherzig sein, ein Auge zudrücken. Sie ist nicht kleinlich. Sie nimmt kleine Dinge nicht übermäßig wichtig. Da hat vieles in ihrem Herzen Platz. Sie hat ein offenes Wesen, das eher optimistisch ist, eher das Gute sieht, weniger mangelorientiert ist (siehe 1. Korinther 13).

Aber verliere ich mich dabei nicht selbst? Kann ich mich dann überhaupt noch „selbst verwirklichen"? Wenn ich nach Aufgaben suche, die außerhalb meiner selbst liegen, verliere ich mich dann nicht? Werde ich schwach?

Das Gegenteil ist der Fall! Je weniger man sich dauernd um sich selbst sorgt, desto mehr gewinnt man an Leben. Je mehr man sich an eine sinnvolle Aufgabe hingibt, desto mehr wird einem hinzugeschenkt, ohne dass man es eigentlich will oder braucht. Wir erfahren plötzlich eine positive Resonanz, andere Menschen halten sich gerne bei uns auf. Sie wenden sich uns zu. Wir erfahren positives Feedback. Nein, es wird nicht jeder berühmt werden, Erfolg haben, aber es kommt etwas Gutes zurück. Wer ein Stück Liebe gibt, erhält ein Stück Liebe zurück, ohne dass es angepeilt wurde.

Je weniger man sich dauernd um sich selbst sorgt, desto mehr gewinnt man an Leben.

Das „Ich" wächst durch die Hingabe an das „Du". Das ist eine alte Weisheit der Bibel, ein Wort, das Jesus neben: „Fürchtet euch nicht", am häufigsten auf seinen Lippen hatte. „Wer das Leben um meinetwillen verliert, wird es gewinnen. Wer es gewinnen will, behalten will, wird es verlieren" (zum Beispiel Lukas 17,33). Dieses Paradox erfahren wir oft in unserem Leben. Wer etwas für sich gewinnen will, erzwingen will, bleibt oft leer zurück. Aber wer sich an eine sinnvolle Sache hingibt, der bekommt ein erfülltes Leben dazugeschenkt.

„Hallo, ich bin's, Gott.
Ich merke dir an, dass dir dein neues Seelenstübchen richtig gut gefällt. Gratulation! Du hast deine Schätze erkannt. Willkommen zu Hause. Das ist ein Grund zu feiern! Freu dich an deiner neuen Innenarchitektur. Ich weiß nicht, wie es dir geht, aber ich freu mich so, dass das jetzt so gut zu dir passt. Du willst jetzt sicher wissen, wie es nach unserer Feier weitergeht? Verlass dich drauf, ich habe eine gute Aufgabe für dich, die genau zu dir passt."

Danke

Ich danke meinem Papa im Himmel, der mich adoptiert hat – so wie ich bin und nicht so, wie ich vielleicht einmal sein sollte. Er gibt mir den Mut, mein Leben zu gestalten. Durch ihn kann ich fröhlich sein und eine geglückte Lebensgeschichte erfahren.

Ich danke meinem Mann, der mir geholfen hat, mein Lebensdrehbuch neu zu schreiben. Ohne ihn wäre ich nie zu dem Menschen geworden, der ich heute bin.

Ich danke meinen Freunden, die mich und mein unaufhörliches Hinterfragen, Sehnen und Suchen immer noch aushalten.

Ich danke Annette Friese für ihren ganz persönlichen Einsatz, diesem Buch die bestmögliche Plattform zu schenken. Besonderen Dank an Martin Nowak, Doris Jäger, Silke Gabrisch, Imke Früh und dem SCM-Verlag für den Mut, ein solches Buch entstehen zu lassen.

MEHR VON DER AUTORIN

Holen Sie ein Theaterkabarett oder ein Seminar auch an Ihren Ort!

Abendfüllende Produktionen

Mit Eva-Maria Admiral und Eric Wehrlin:

Sachen zum Lach-Denken – was Sie schon immer über Schauspieler wissen wollten.
Adam und Eva – vergessen Sie die Paartherapie und kommen Sie ins Theater.

Abendfüllende Soloprogramme

Mit Eva-Maria Admiral:

Das Stück vom Glück – interaktives Theaterkabarett.
Oskar und die Dame in Rosa nach dem Bestseller von E.E. Schmitt.
Weihnachten hautnah

Mit Eric Wehrlin:

Espresso-Bibel – in 80 Minuten um die Welt des Knüllers.
Markus-Evangelium – spannend.

Holen Sie ein Theater-Erlebnis auch an Ihren Ort – reihen Sie sich ein in die grosse Zahl begeisterter Veranstalter und Zuschauer!

Weitere Angebote, Seminare und Trailerausschnitte!
www.admiral-wehrlin.de; info@admiral-wehrlin.de

AKTUELLE THEATERSTÜCKE VON UND MIT EVA-MARIA ADMIRAL

Das Stück vom GLÜCK! – Das interaktive Theaterkabarett

Eine interaktive Reise zu den aktuellsten Ergebnissen der Glücksforschung: Was macht Menschen glücklich? Sind reiche Mensch glücklicher? Was machen glückliche Menschen anders? Die Ergebnisse der Forschung der letzten zwanzig Jahre sind so einfach und so schwierig zu leben. Es sind einfache Wahrheiten, die wir zwar vom Kopf her wissen, aber ins Herz fallen sie erst durch ein Erlebnis. Dieses Erleben kann auch während dieses Theaterkabaretts passieren – sozusagen ein Aha-Erlebnis!

Sachen zum Lach-Denken

Eine humorvolle Annäherung an Themen wie Herausforderung meistern, Persönlichkeit festigen aus der Sicht eines Schaupielerehepaares. Inklusive persönlicher Lebensberichte und interaktiver Einbindung des Publikums.

Adam und Eva privat

Das Stück betreibt unterhaltsam Ursachenforschung über die Beziehung der Geschlechter und geht den großen und kleinen Unterschieden von Mann und Frau humorvoll auf den Grund.

Mein Überlebenslauf

Bühnenprogramm zu dem Buch „Mein Überlebenslauf"
„Viele kennen ihre herausragende Arbeit als Schauspielerin und sind ihr in einer ihrer Rollen begegnet. Hinter der engagiert-kreativen Außenseite auf der Bühne aber gibt es die Tiefen und Brüche eines besonderen Lebensweges, den Eva-Maria Admiral hier erstmals so offen und ehrlich teilt. Spannend und berührend!"

Ulrich Eggers, Geschäftsführer SCM-Verlag, Herausgeber Magazin AUFATMEN

Oskar und die Dame in Rosa von Bestsellerautor Eric E. Schmitt

Er zählt zu den fünfzehn meistgelesenen Autoren der Welt.
„Ein kleines Wunder" (Stern).
Eva-Maria Admiral hat daraus einen unvergesslichen Theaterabend gemacht.

CDs und Bücher

„Mein Überlebenslauf", erschienen als Buch und Hörbuch im Brunnen Verlag.
„Erstmal entspannen", erschienen im Cap-Verlag – Entspannungsprogramm auf CD für Körper, Seele und Geist. Ein Bestseller in der 8. Auflage.
„Erstmal gelassen!", erschienen im Cap-Verlag – Entspannungsprogramm für Herz, Kopf und Bauch; Meditationen und Übungen.

Seminare/Coaching

Stark durch Stimme und Präsenz
Authentisches Präsentations- und Persönlichkeitsprofil

Vorträge

Als Dozentin an verschiedenen Hochschulen tätig, verfügt Eva-Maria Admiral über langjährige Erfahrung nicht nur im Bereich professioneller künstlerischer Lehrtätigkeit. Sie ist außerdem eine weit gefragte Referentin für Seminare, Kongresse und Veranstaltungen sowie Coaching.

Mehr Infos zur Autorin unter
www.admiral-wehrlin.de. info@admiral-wehrlin.de.

SPEZIALSEMINARE ZU DEN BUCHTHEMEN

Meine Erfahrung als Dozentin hat mir gezeigt, dass diejenigen, die dieses Buch gelesen haben, mehr davon haben, etwas zu tun, als ein weiteres Buch zu lesen. Deshalb bieten wir Ihnen drei Spezialseminare an, die Themen dieses Buches aufnehmen.

Die Macht der Kränkung und Ressourcen zur Heilung
An Verletzungen wachsen statt zerbrechen
Ein praxisorientiertes Seminar mit vielen aktiven Übungen zu den Themen:
→ Wie wir Kränkungen überwinden und neu lebendig werden.
→ Wut ist gut - Kränkungen und Vergebung.
→ Die Macht der Kränkung – die Kraft der Vergebung.
→ Seelischen Verletzungen in der Familie aktiv begegnen.
→ Mich kränkt so schnell keiner.
→ Resilienz erlernen.

Glückstankstelle
Das Glücksseminar ist ein Gruppentraining, das zum Ziel hat, das Glück und Wohlbefinden der TeilnehmerInnen zu steigern. Es ist für alle Personen geeignet, die ...
→ trotz Belastungen und Problemen des Alltages Glück erleben und steigern wollen,
→ eine positivere Sicht der Dinge entwickeln wollen,
→ ihre Stärken entdecken und bewusst einsetzen wollen,
→ das Glück in den kleinen Dingen des Alltags entdecken wollen.

Worauf basiert das Glücksseminar und welche Ziele verfolgt es?
Es handelt sich beim Glücksseminar um ein Konzept für ein Gruppentraining, das die beiden Gruppenleiterinnen nach

Ansätzen der „Positiven Psychologie" von Seligman und anderen PsychologInnen/ForscherInnen entwickelt haben. Ziel ist es, Wohlbefinden, Glück und Zufriedenheit, konstruktive Gedanken wie Optimismus, Hoffnung und Vertrauen sowie Stärken (Ressourcen) zu erforschen, zu aktivieren und zu steigern. Wir machen sehr viele praktische Übungen – es wird kein „Sitz-Seminar".

Erfolgsfaktor Stimme – Find your Voice
Ihre Atmung, Ihre Stimme, Ihre Aussprache trägt Ihre gesamte verbale Kommunikation und erhöht bei bewusstem Einsatz ganz entscheidend die Wirkung der von Ihnen eingesetzten Worte. Eine gut sitzende, klangvolle, richtig eingesetzte und damit belastbare Stimme ermöglicht Ihnen, Ihre persönliche Ausstrahlung und Überzeugungskraft entscheidend zu verstärken.

Lernziele:
→ Volle Stimme - klare Sprechweise: wie Sie klar, resonant und artikuliert sprechen.
→ Mehr Anklang und Zustimmung in kommunikativen Situationen erreichen
→ Erfahren, wie Atmung, Stimme und Sprechen mit Ihrem Körper in Verbindung stehen.
→ Ihre Stimme gezielt einsetzen und damit den Erfolg in Präsentationen, Gesprächen und anderen Kommunikationssituationen steigern.
→ Sich der Wirkung der eigenen Stimme auf andere bewusst werden.

Alle Seminare siehe *www.admiral-wehrlin.de*

HILFE FÜR VERLASSENE KINDER

Eric und ich unterstützen das Kinderheim „Haus der Hoffnung" in Arad, Rumänien. Gemeinsam mit einem Team christlicher Erzieher stellt sich die Familie Moldovan der Aufgabe, verlassene Kinder aufzunehmen, ihnen Liebe und Geborgenheit zu geben, gute Ernährung bereitzustellen und sie auf die Adoption vorzubereiten.

Ein Kind in seinem Namen ...
.... das bedeutet, einem Kind nicht nur in seiner sozialen und materiellen Not zu helfen, sondern ihm auch Hoffnung auf ewiges Leben zu geben. Aus einem verstoßenen Kind kann ein Wunschkind in einer Adoptivfamilie und ein Kind Gottes werden.

Allein und verlassen
„Meine Mama habe ich nur kurz kennengelernt. Irgendwie hat sie es mit mir nicht geschafft. Sie hat mich einfach abgegeben, als ich erst ein Jahr alt war. Warum? Ich habe doch nur geweint, wenn ich Hunger hatte oder wenn ich geschlagen wurde, weil sie betrunken waren."
„Meine Mama hat mich verlassen, als ich geboren wurde. Sie verließ das Spital, ohne mich mitzunehmen. Hat sie mich nicht lieb? Sie fehlt mir so!"

Geliebt und geborgen ...
... dürfen die Kinder sein, die von einer Familie adoptiert wurden. Für sie beginnt nun ein neuer Lebensabschnitt in Geborgenheit und Sicherheit. Etwas, das sie bis dahin nicht kannten, aber in das sie nun hineinwachsen dürfen. Was für ein Segen!

E-Mail: mdcasasperanta@yahoo.com | Website: www.hausderhoffnung.org
Spendenkonto: Hagebank-Volksbank Vöcklabruck-Traunsee
IBAN: AT75 4283 0253 21170000 BIC: VBOEATWWVOE

Eva-Maria Admiral:

Scherben im Glanz der Ewigkeit

Das Leben der christlichen Schauspielerin Eva-Maria Admiral gleicht einem bunten Flickenteppich, bei dem aber auch die dunklen Farben nicht fehlen: Ablehnung durch die Eltern, Missbrauch im Internat, eine liebevolle Großmutter, ein schwieriger Weg zu Jesus, die verändernde Kraft des Glaubens …

Dieser Dokumentarfilm nimmt die Zuschauer mit hinein in ihre ungewöhnliche Lebensgeschichte, die so eindrucksvoll zeigt, was Gott aus den Bruchstücken unseres Lebens machen kann.

**DVD, 45 Minuten, FSK Infoprogramm
Nr. 210.362**

SCM

Was Frauen inspiriert

JOYCE

JOYCE ist eine Freundin, die Frauen in ihrem herausfordernden Alltag zwischen Familie, Beruf und Berufung begleitet. Dazu gehören: Stärkung für den Glauben, Inspiration durch neue Ideen, Ermutigung zum Anpacken – und die Erinnerung, auch sich selbst immer wieder etwas Gutes zu tun.

Ein Abonnement (4 Ausgaben im Jahr) erhalten Sie in Ihrer Buchhandlung oder unter:

www.bundes-verlag.net

Deutschland:
Tel.: 02302 93093-910
Fax: 02302 93093-689

Schweiz:
Tel.: 043 288 80-10
Fax: 043 288 80-11

www.joycenet.de · www.joyce.ch

SCM
Bundes-Verlag